GUIDE DE SURVIE FINANCIÈRE POUR LES JEUNES DIPLÔMÉS RÉCENTS

Dédié à tous les jeunes qui veulent être meilleurs chaque jour, à la recherche de connaissances pour pouvoir changer leurs histoires, car ils transformeront ainsi le monde.

PROLOGUE

Bienvenue dans mon livre d'éducation financière. Ce livre a été écrit pour aider les jeunes à comprendre le monde financier et comment ils peuvent faire des choix intelligents et responsables pour atteindre leurs objectifs financiers. Je crois fermement que la littératie financière est une compétence essentielle que tout le monde devrait posséder, et ce livre est un pas vers cet objectif.

Tout au long de ce livre, vous trouverez des conseils et des stratégies pour vous aider à gérer efficacement votre argent, à éviter les dettes inutiles, à investir judicieusement et, en fin de compte, à bâtir un avenir financier sûr. Mon objectif n'est pas seulement de vous donner les outils dont vous avez besoin pour prendre des décisions financières judicieuses, mais aussi de vous inspirer à prendre le contrôle de votre vie financière.

En écrivant ce livre, j'ai pensé à mes propres expériences financières et aux défis auxquels j'ai été confronté en cours de route. J'espère que mes erreurs financières et mes succès pourront vous être utiles. Ne vous inquiétez pas si vous ne savez pas grand-chose sur la finance en ce moment. L'apprentissage de la finance est un processus continu et nous apprenons tous en permanence.

Alors préparez-vous pour un voyage passionnant de découverte financière et profitez du processus. N'oubliez pas que la connaissance, c'est le pouvoir, et je suis ravi de partager mes connaissances financières avec vous. Commençons!

PRÉFACE

Cher lecteur,

Ce livre a été écrit pour fournir des informations et des conseils essentiels sur l'éducation financière, en particulier pour ceux qui commencent leur parcours financier. Nous savons que la gestion des finances peut être difficile, en particulier pour les jeunes adultes qui commencent tout juste à s'installer dans leur carrière.

Dans ce livre, vous trouverez des conseils pratiques pour contrôler vos dépenses, gérer vos dettes, investir en vous-même et dans votre avenir, et atteindre vos objectifs financiers. Au fil des pages, vous vous familiariserez avec les concepts financiers de base, apprendrez à gérer la pression sociale à dépenser, à éviter les dettes inutiles, entre autres sujets.

Notre objectif est de vous aider à développer un état d'esprit financier sain, en mettant l'accent sur la constitution d'un patrimoine à long terme. Nous espérons que ce livre vous aidera à faire le premier pas vers un avenir financier stable et prospère.

Bonne lecture!

Cordialement, José Ruberto

Résumé

PROLOGUE 3

PREFACE 5

Un bref historique : 12

    je 12

    Le voyage de Jean 12

    II 14

    L'appel 14

    III 15

    Le défi Jean 15

    IV 16

    La transformation de Jean 16

    V17 .... _

    Réflexion 17

    VI 18

    Le grand projet 18

Chapitre 1 : État d'esprit épanouissant pour les jeunes diplômés 21

    Fixez-vous des objectifs financiers clairs et réalistes. ... 21

    Comprendre la différence entre les besoins et les désirs. 23

    Croire qu'il est possible d'atteindre la prospérité financière. 24

    Maintenir une attitude positive envers l'argent et la prospérité. 26

    Développer un état d'esprit d'abondance au lieu de la rareté. 27

Apprenez à gérer l'argent de manière saine et responsable. 29

Soyez discipliné et cohérent dans votre approche financière. 30

Acceptez la responsabilité de vos décisions financières. 32

Élaborez un budget personnel et respectez-le. 34

Apprenez à épargner et à investir votre argent judicieusement. 35

Soyez prêt à prendre des risques financiers calculés. ...37

Soyez toujours prêt à apprendre de vos erreurs financières. 38

Apprenez à gérer l'échec financier et utilisez-le comme une opportunité d'apprentissage. 40

Soyez prêt à faire des sacrifices financiers pour atteindre vos objectifs. 41

Recherchez des opportunités d'apprentissage financier dans les livres, les cours et les mentorats. 43

Croyez en votre potentiel financier et en votre capacité à augmenter vos revenus. 44

Soyez ouvert à de nouvelles opportunités financières et sources de revenus. 45

Développer des compétences de négociation et de communication pour améliorer vos finances. 47

Sachez quand demander une aide financière et à qui vous adresser. 48

Évitez les dettes inutiles et les taux d'intérêt élevés. 50

Soyez reconnaissant pour ce que vous avez et ce que vous avez déjà accompli financièrement. 51

Apprenez à faire face à la pression sociale pour dépenser de l'argent sur des choses chères. 52

Investissez en vous, votre éducation et vos compétences. 53

Soyez patient et cohérent dans vos efforts financiers. 55

Soyez responsable et éthique dans vos transactions financières. 56

Ne vous comparez pas financièrement aux autres ; chaque personne a un parcours unique. 57

Faites des choix financiers conscients et alignés sur vos valeurs personnelles. 59

Restez à jour sur les tendances financières et d'investissement. 60

Chapitre 2 : Les finances personnelles des jeunes diplômés 62

Comment commencer à économiser de l'argent juste après l'obtention du diplôme. 62

Comment créer un plan d'investissement adapté à vos besoins et objectifs financiers. 64

Comment planifier votre carrière pour maximiser vos revenus à long terme. 66

Comment gérer votre dette étudiante après l'obtention de votre diplôme. 67

Conseils pour trouver un emploi qui offre des avantages financiers, comme un régime de retraite privé. 69

Conseils pour négocier les salaires et les avantages sociaux lors des entretiens d'embauche. 71

Comment trouver des moyens de gagner de l'argent supplémentaire pendant votre temps libre. 72

Comment créer une entreprise et devenir entrepreneur. 74

Comment créer un plan de retraite pour l'avenir. 76

Les premiers pas vers l'indépendance financière. 78

Comment se fixer des objectifs financiers réalistes et atteignables. 80

Conseils pour gérer vos dépenses et contrôler votre budget. 81

Comment trouver les meilleures offres sur les services financiers comme l'assurance automobile et l'assurance maladie. 83

Comment économiser de l'argent lors de l'achat de produits d'épicerie et d'autres nécessités. 84

L'importance de tenir des registres financiers exacts et à jour. 86

Comment créer un fonds d'urgence pour se préparer aux imprévus financiers. 88

L'importance de comprendre votre pointage de crédit et comment l'améliorer. 89

Les risques de contracter une dette de carte de crédit et comment les éviter. 91

Les risques des prêts personnels et comment les éviter. 92

Comment faire face à la pression sociale pour dépenser de l'argent sur des choses chères. 94

Conseils pour économiser de l'argent sur les divertissements comme les films et les concerts. 96

Conseils pour économiser de l'argent sur les services d'abonnement comme Netflix et Spotify. 98

Conseils pour économiser de l'argent sur les voyages et l'hébergement. 100

Comment choisir la meilleure carte de crédit pour vos besoins. 102

Comment éviter la fraude financière et protéger vos informations personnelles. 104

Les avantages et les défis de vivre seul après l'obtention du diplôme. 106

Les avantages et les inconvénients de vivre à la maison avec ses parents après l'obtention du diplôme. 108

Comment équilibrer vos priorités financières à court et à long terme. 109

Les avantages de commencer à investir tôt et comment commencer à investir. 111

Chapitre 3 : À propos de l'enrichissement. 114

Importance de la planification financière pour constituer un patrimoine 114

L'importance de l'éducation financière dans la poursuite de la richesse. 115

Les habitudes des millionnaires : que font-ils différemment pour devenir riches ? 117

Le rôle de la planification financière dans la poursuite de la richesse. 118

Comment surmonter la procrastination et agir pour devenir riche. 120

Comment économiser de l'argent pour atteindre vos objectifs financiers ? 121

Les avantages et les inconvénients d'entreprendre pour devenir riche. 123

Conseils pour réduire les dépenses et économiser de l'argent. 125

Les erreurs courantes qui empêchent les gens de devenir riches. 127

Comment créer un état d'esprit d'abondance pour atteindre la richesse. 129

Comment construire un portefeuille d'investissement diversifié. 131

Les différences entre revenu passif et revenu actif. 132

Investissements : par où commencer et quelles options sont disponibles. 134

Les avantages et les risques d'investir dans des actions en bourse. 136

Comment investir dans l'immobilier et gagner de l'argent avec le loyer. 137

Les avantages et les inconvénients d'investir dans des fonds immobiliers. 139

Comment faire face à la dette et sortir de la dette. 140

Comment négocier les salaires et les avantages sociaux pour augmenter les revenus. 142

Comment utiliser Internet pour créer des sources de revenus en ligne. 143

Comment investir dans les crypto-monnaies et autres nouvelles technologies financières. 145

Comment créer une source passive de revenus grâce aux redevances et aux licences. 146

Conseils pour bâtir une valeur nette solide au fil du temps. 148

Comment choisir les meilleures options de crédit pour vos besoins. 149

Comment faire face à la pression sociale pour dépenser de l'argent et maintenir un mode de vie financièrement sain. 152

Comment réduire les dépenses alimentaires sans compromettre la qualité des aliments. 153

Les mythes sur l'argent que vous devez démystifier pour devenir riche. 156

Comment mettre en place un plan de retraite qui garantit une vie financière stable à l'avenir. 158

Les secrets des investisseurs qui réussissent pour multiplier les capitaux propres. 159

Les meilleures applications de finances personnelles pour vous aider à gérer votre argent. 161

Comment utiliser la loi de l'attraction pour manifester l'abondance financière dans votre vie. 164

Chapitre 4 : Qu'est-ce que c'est ? 166

Qu'est-ce qu'une Bourse ? 166

Qu'est-ce qu'une action ? 167

Que sont les matières premières ? 169

Que sont les dividendes ? 171

Qu'est-ce qu'une position d'équité? 172

Qu'est-ce qu'un portefeuille d'actions de retraite? 174

Qu'est-ce que le Day Trading ? 175

Qu'est-ce qu'un courtier en valeurs mobilières ? 177

Qu'est-ce que la Securities and Exchange Commission ? 178

Que sont les fonds d'investissement ? 179

Qu'est-ce que l'analyse fondamentale d'une action ? ..181

Qu'est-ce que l'investissement dans la valeur ? 182

Comment démarrer un portefeuille d'actions? 184

Dépenser ou réinvestir les dividendes ? 185

conclusion 187

Glossaire 189

Une histoire brève:

"Un homme sage économise et a toujours beaucoup de nourriture et d'argent dans sa maison, mais un imbécile dépense tout son argent dès qu'il l'obtient"

I
Le voyage de Jean

John est un homme ordinaire avec une vie ordinaire. Il travaille dans une entreprise technologique et gagne un salaire décent, mais il n'est pas satisfait de sa situation financière. Il vit dans un appartement modeste et économise chaque centime qu'il peut pour payer ses factures et ses dépenses quotidiennes.

João rêve d'avoir une vie meilleure, avec plus d'argent, de confort et de sécurité financière. Il veut avoir la liberté de voyager, d'acheter ce qu'il veut et de ne pas se soucier de l'avenir. Cependant, il ne sait pas comment s'y prendre et se sent piégé dans sa vie actuelle.

Il se lève tôt, boit du café et se rend au travail, où il passe toute la journée assis devant un ordinateur. Quand il rentre chez lui, il prend son repas, regarde un peu la télé et se couche tôt, pour se réveiller le lendemain et tout recommencer.

Au fond de lui, João sait que sa vie n'est pas celle dont il rêvait. Il en veut plus mais ne sait pas par où commencer. Il se sent piégé dans sa routine quotidienne et incapable de changer sa situation financière. Cependant, il sait qu'il ne peut pas continuer à vivre ainsi et il est prêt à franchir la prochaine étape de son cheminement vers la liberté financière.

II
L'appel

João commence à réaliser que son rêve d'avoir une vie financièrement libre n'est pas seulement un fantasme lointain, mais quelque chose de possible. Il commence à faire des recherches sur les finances personnelles et les investissements, et se rend compte qu'il est possible de changer sa vie financière s'il est prêt à y travailler.

João commence à réfléchir aux investissements et commence à lire des livres sur le sujet. Il commence à se renseigner sur les actions, les fonds immobiliers, la trésorerie directe et d'autres formes d'investissement. Il commence à se rendre compte qu'il doit en savoir plus sur la finance et l'investissement avant de commencer à investir.

Au fil du temps, João commence à se sentir plus confiant dans ses capacités et commence à élaborer un plan pour atteindre la liberté financière. Il commence à économiser de l'argent plus consciemment, en réduisant les dépenses inutiles et en économisant une partie de son salaire mensuel pour investir.

John est déterminé à atteindre sa liberté financière et est prêt à travailler dur pour y parvenir. Il sait que le chemin ne sera pas facile, mais il est prêt à relever les défis qui se présenteront tout au long de son parcours.

Vous vous rendez compte que John est sur la bonne voie pour atteindre sa liberté financière. Il est déterminé à changer sa vie et travaille dur pour atteindre ses objectifs. Le lecteur est curieux de connaître la suite du voyage du protagoniste.

III
Le défi de John

João commence à investir son argent dans des actions et d'autres actifs financiers, mais il se rend vite compte qu'investir n'est pas aussi facile qu'il n'y paraît. Il commence à relever le défi du marché financier et se rend compte que ses investissements peuvent aussi bien monter que baisser.

Un certain jour, John se rend compte que ses investissements ont subi une énorme baisse en raison d'une crise économique mondiale. Il commence à paniquer et envisage de vendre ses actions, mais il se rappelle sa détermination à atteindre la liberté financière et décide qu'il n'abandonnera pas si facilement.

João se rend compte que relever des défis fait partie du chemin vers la liberté financière et commence à en apprendre encore plus sur le marché financier. Il commence à suivre l'actualité et à lire les critiques d'experts en investissement. Il apprend à prendre des décisions plus conscientes et à rester calme en temps de crise.

Au fil du temps, João apprend à gérer les hauts et les bas du marché financier et commence à avoir plus de succès dans ses investissements. Il commence à accumuler plus d'argent et à se sentir plus en sécurité pour l'avenir.

Cependant, John commence également à réaliser qu'il y a d'autres personnes qui ne veulent pas le voir réussir. Il commence à relever le défi de l'antagoniste, des gens qui veulent le voir échouer dans ses investissements et ne pas atteindre sa liberté financière.

João se rend compte qu'il doit être fort et déterminé pour relever ces défis et poursuivre son chemin vers la liberté financière.

Réalisez que João fait face aux défis qui se présentent à lui avec détermination et persévérance. Il est déterminé à ne pas abandonner son chemin vers la liberté financière, quels que soient les obstacles qui se présentent à lui.

IV
La métamorphose de Jean

João commence à avoir de plus en plus de succès dans ses investissements et commence à accumuler une somme d'argent importante. Cependant, il se rend compte que la liberté financière ne consiste pas seulement à avoir de l'argent, mais aussi à contrôler sa vie et ses objectifs.

João commence à se transformer et à changer sa façon de penser à l'argent. Il commence à comprendre que la liberté financière n'est pas seulement une question d'accumulation de richesse, mais plutôt d'avoir la liberté de faire les choix qu'il veut dans sa vie.

John commence à devenir plus conscient de ses dépenses et commence à investir dans des choses qui comptent vraiment pour lui. Il commence à réfléchir à des façons d'aider les autres et d'utiliser son argent plus consciemment.

Au fil du temps, João se rend compte que sa transformation ne consiste pas seulement à atteindre la liberté financière, mais à trouver un but dans sa vie. Il commence à réfléchir à des moyens d'utiliser sa richesse pour faire une différence dans la vie des autres.

Cher lecteur, réalisez que João est sur un chemin de transformation personnelle. Il découvre que la liberté financière n'est pas qu'une question d'argent, il s'agit d'avoir la liberté de faire des choix conscients dans votre vie.

V
Réflexion

João commence à réfléchir sur son parcours vers la liberté financière et sur sa transformation personnelle. Il se rend compte que la réalisation de sa liberté financière a été un voyage long et difficile, mais qui en valait la peine.

Il se rend également compte que sa transformation personnelle a été l'une des choses les plus importantes qui se sont produites dans sa vie. Il est devenu une personne plus consciente et plus heureuse, et il sent qu'il a maintenant un but dans sa vie.

João commence à réfléchir à des moyens d'aider d'autres personnes à atteindre leur liberté financière et à se transformer personnellement. Il commence à penser à créer un projet qui peut aider d'autres personnes à atteindre leurs objectifs financiers et à trouver un but dans leur vie.

Comprenez que John a atteint la liberté financière et s'est transformé, mais qu'il réfléchit maintenant à des moyens d'aider les autres à faire de même.

SCIE
le grand projet

João commence à travailler sur son projet pour aider d'autres personnes à atteindre la liberté financière et personnelle. Il réunit une équipe de personnes expérimentées en finances personnelles et crée un programme qui enseigne aux gens comment gérer leur argent plus efficacement et trouver un but dans leur vie.

Le programme de João devient très populaire et commence à aider de nombreuses personnes dans leur cheminement vers la liberté financière et personnelle. Les personnes qui participent au programme de João apprennent à mieux gérer leur argent et deviennent plus conscientes de leurs objectifs personnels.

Avec le succès de son projet, João commence à recevoir de nombreuses invitations à prendre la parole lors d'événements sur les finances personnelles et sur son parcours à la recherche de la liberté financière et personnelle. Il devient une référence dans son domaine et commence à aider encore plus de personnes dans leur cheminement.

Vous avez remarqué que John a atteint la liberté financière et s'est transformé, et qu'il aide maintenant les autres à faire de même.

Je pense que vous avez déjà réalisé que cette histoire parle de moi et de nombreuses autres personnes qui atteignent leurs objectifs tout en aidant les autres à faire de même. Je crois qu'être financièrement riche est facile, c'est mathématique, c'est une science exacte, mais devenir mentalement riche, se répandre dans la vie des autres, diffuser des connaissances à vos pairs en les aidant à conquérir la vie qu'ils méritent, c'est quelque chose que nous avons choisi de faire en tant que une mission de vie.

J'espère que l'histoire ci-dessus vous aidera, que vous pourrez reconnaître un peu de notre héros João en vous, que vous recherchez la connaissance, l'honnêteté et l'altruisme dans votre vie, que vous êtes une lueur d'espoir dans la vie des gens qui vous entourent.

Chapitre 1 : Un état d'esprit épanouissant pour les jeunes diplômés

Fixez-vous des objectifs financiers clairs et réalistes.

L'établissement d'objectifs financiers clairs et réalistes est l'une des clés de la stabilité financière et de la prospérité à long terme. Les objectifs financiers vous aident à vous concentrer sur des objectifs spécifiques et à planifier comment les atteindre, ainsi qu'à suivre les progrès et à célébrer vos réalisations.

La première étape consiste à se fixer des objectifs précis. Par exemple, vous pouvez vous fixer comme objectif d'économiser une certaine somme d'argent sur une certaine période, de rembourser toutes vos dettes sur une période donnée ou d'augmenter vos revenus d'un certain pourcentage. Il est important que les objectifs soient clairs et quantifiables, car cela permet de suivre les progrès et de faire des ajustements si nécessaire.

Les objectifs doivent également être réalistes et réalisables. Il n'est pas recommandé de se fixer des objectifs bien au-delà de ce qu'il est possible d'atteindre, car cela peut conduire à la frustration et au découragement. Il est important de fixer des objectifs ambitieux qui sont réalisables avec les ressources et les compétences actuelles.

Un autre aspect important est le délai pour atteindre les objectifs. Il est recommandé de fixer des délais réalistes, mais pas trop longs, car cela peut entraîner de la procrastination et une perte de concentration. En revanche, des délais trop courts peuvent être irréalistes et finir par générer de la frustration. Il est important de trouver un équilibre entre le délai et la faisabilité de l'objectif.

Pour atteindre vos objectifs financiers, vous avez besoin d'un plan d'action. Il est important de définir les étapes spécifiques à suivre pour atteindre l'objectif, telles que l'augmentation des revenus, la réduction des dépenses, l'investissement dans un certain domaine, entre autres. Avoir un plan détaillé vous aide à rester concentré et à travailler efficacement vers votre objectif.

Enfin, il est important de suivre les progrès et de célébrer les réalisations. Le suivi des progrès vous aide à identifier les domaines qui nécessitent des ajustements et à apporter des modifications si nécessaire. Les célébrations, même petites, aident à maintenir la motivation et l'enthousiasme pour atteindre d'autres objectifs.

Fixer des objectifs financiers clairs et réalistes peut sembler un défi au début, mais c'est une étape importante vers la prospérité financière à long terme. Avec des objectifs clairs et un plan d'action détaillé, il est possible de travailler efficacement et d'accomplir des réalisations importantes.

Comprendre la différence entre les besoins et les désirs.

Comprendre la différence entre les besoins et les désirs est une étape importante vers une vie financière plus saine. Les besoins sont des choses essentielles à la survie, comme la nourriture, l'eau, le logement et les soins de santé. D'autre part, les désirs sont des choses que nous voulons mais qui ne sont pas nécessaires à notre survie.

Nous confondons souvent désirs et besoins, ce qui peut nous amener à dépenser plus d'argent que nécessaire et nous laisser dans des situations financières difficiles. Par exemple, acheter un nouveau téléphone portable alors que nous en avons déjà un qui fonctionne parfaitement est un désir, pas un besoin. Sortir dans un restaurant cher alors que nous pouvons cuisiner à la maison est un autre exemple de fringale qui peut affecter négativement nos finances.

Comprendre la différence entre les besoins et les désirs peut nous aider à établir des priorités et à prendre des décisions plus conscientes sur la façon de dépenser notre argent. Lorsque nous savons quels sont nos besoins, nous pouvons planifier nos dépenses en conséquence et nous assurer qu'ils sont satisfaits avant de dépenser de l'argent pour nos désirs.

Une façon d'identifier la différence entre les besoins et les désirs est de faire une liste des dépenses mensuelles et d'analyser chacune d'entre elles. Il est important de se demander si chaque dépense est vraiment nécessaire ou s'il s'agit d'une envie qui peut être reportée ou supprimée complètement. Lorsque nous identifions nos désirs et les séparons de nos besoins, nous pouvons avoir un meilleur contrôle sur nos finances et éviter les dettes inutiles.

Comprendre la différence entre les besoins et les désirs est la clé d'une vie financière saine. En hiérarchisant nos besoins et en limitant nos dépenses, nous pouvons économiser de l'argent, réduire le stress financier et atteindre nos objectifs financiers plus facilement.

Croire qu'il est possible d'atteindre la prospérité financière.

Croire qu'il est possible d'atteindre la prospérité financière est essentiel pour nous afin de mettre nos plans et objectifs financiers en pratique. Lorsque nous croyons qu'il est possible d'atteindre la stabilité et l'indépendance financières, nos actions et nos décisions sont façonnées afin d'atteindre cet objectif.

Croire qu'il est possible d'atteindre la prospérité financière est une étape cruciale pour y parvenir. Beaucoup de gens ont un état d'esprit limité en matière d'argent et de finances, croyant que la richesse n'est réservée qu'à quelques chanceux ou qu'ils n'auront jamais assez d'argent pour atteindre leurs objectifs financiers.

Cependant, la réalité est que n'importe qui peut atteindre la prospérité financière s'il a le bon état d'esprit et adopte de saines habitudes financières. Croire que c'est possible est la première étape pour changer votre façon de penser à l'argent et commencer à agir pour atteindre vos objectifs financiers.

Il est important de se rappeler que la prospérité financière ne signifie pas nécessairement être riche. Cela signifie maîtriser vos finances, vivre selon vos moyens, économiser de l'argent pour l'avenir et avoir la liberté financière de faire les choses que vous aimez.

Pour commencer à croire qu'il est possible d'atteindre la prospérité financière, commencez par de petits pas. Établissez un budget et essayez d'économiser une petite somme d'argent chaque mois. Suivez vos dépenses et trouvez des moyens de réduire vos coûts.

En faisant ces petits changements, vous commencerez à voir qu'il est possible d'atteindre vos objectifs financiers. Au fur et à mesure que vous gagnez en confiance, vous pourriez commencer à penser à des objectifs financiers plus importants, comme rembourser toutes vos dettes, acheter une maison ou investir dans votre retraite.

N'oubliez pas que l'état d'esprit est important lorsqu'il s'agit d'argent et de finances. Si vous pensez qu'il est possible d'atteindre la prospérité financière, vous serez plus motivé à agir pour atteindre vos objectifs financiers. Et rappelez-vous que s'il est important de travailler dur et d'avoir une discipline financière, il est également important de profiter de la vie et de s'amuser en cours de route.

Maintenir une attitude positive envers l'argent et la prospérité.

Maintenir une attitude positive envers l'argent et la prospérité est l'une des clés de la réussite financière. En ce qui concerne l'argent, beaucoup de gens ont tendance à avoir un état d'esprit négatif, croyant qu'il est difficile de gagner de l'argent et qu'il faut avoir beaucoup de chance pour pouvoir accumuler de la richesse. Cependant, il est important de changer cet état d'esprit et de croire qu'il est possible d'atteindre la prospérité financière grâce au travail acharné, à la discipline et au dévouement.

L'une des meilleures façons de maintenir une attitude positive envers l'argent est de changer votre façon de penser à l'argent. Au lieu de le voir comme quelque chose de négatif ou une source de stress, essayez de le voir comme un outil pour vous aider à atteindre vos objectifs et à améliorer votre qualité de vie. Rappelez-vous que l'argent n'est pas la fin, mais le moyen d'atteindre vos objectifs et de vivre une vie pleine et épanouissante.

De plus, vous entourer de personnes qui ont une attitude positive envers l'argent et la prospérité peut avoir une énorme influence sur votre état d'esprit financier. Cherchez à vous associer à des personnes qui sont prêtes à partager leurs connaissances et leurs expériences financières positives et qui encouragent vos rêves et vos objectifs financiers.

Une autre façon de maintenir une attitude positive envers l'argent est d'avoir une vision claire de vos objectifs financiers à court et à long terme. Élaborez un plan et fixez-vous des objectifs réalistes qui peuvent être atteints grâce à un travail acharné et à la discipline. Célébrez vos réalisations financières, même les plus petites, pour garder votre motivation et votre attitude positives.

Garder une attitude positive envers l'argent et la prospérité peut faire toute la différence dans la réussite financière. Gardez un état d'esprit positif, cherchez à en savoir plus sur la finance et partagez vos expériences avec les autres. Avec du travail acharné, du dévouement et une attitude positive, vous pouvez atteindre vos objectifs financiers et vivre la vie que vous avez toujours voulue.

Développer un état d'esprit d'abondance au lieu de la rareté.

Développer un état d'esprit d'abondance peut être la clé de la prospérité financière et du bonheur dans la vie. L'état d'esprit d'abondance est à l'opposé de l'état d'esprit de rareté, qui nous laisse souvent le sentiment d'être limités et incapables d'atteindre nos objectifs financiers.

La mentalité d'abondance consiste à croire qu'il y a toujours plus qu'assez pour tout le monde et qu'il y a toujours des opportunités de croissance et de prospérité. Au lieu de vous concentrer sur ce que vous n'avez pas, concentrez-vous sur ce que vous avez et sur les opportunités qui se présentent à vous.

Pour développer un état d'esprit d'abondance, il est important de changer votre façon de penser à l'argent et à la richesse. Au lieu de considérer l'argent comme une source de stress et d'anxiété, commencez à voir l'argent comme un outil pour vous aider à atteindre vos objectifs et vos rêves. Reconnaissez que la richesse et la prospérité sont possibles pour tout le monde et que vous pouvez créer votre propre chance et opportunités financières.

Une façon de développer un état d'esprit d'abondance est de pratiquer la gratitude. Rendez grâce pour les choses que vous avez dans votre vie, même si elles semblent petites ou insignifiantes. Cela vous aide à changer de perspective et à vous concentrer sur ce qui est important plutôt que sur ce qui manque.

Une autre façon de développer un état d'esprit d'abondance est de pratiquer la générosité. Donnez du temps ou de l'argent à une cause en laquelle vous croyez, aidez quelqu'un dans le besoin ou soyez gentil et attentionné envers les autres. Lorsque vous donnez généreusement, vous attirez plus d'abondance dans votre vie.

Enfin, il est important de se rappeler que développer un état d'esprit d'abondance ne se fait pas du jour au lendemain. Il faut du temps et de la pratique pour changer vos schémas de pensée et vos croyances sur l'argent et la prospérité. Mais avec du dévouement et des efforts, vous pouvez développer un état d'esprit d'abondance et atteindre la prospérité financière et le bonheur que vous méritez.

Apprenez à gérer l'argent de manière saine et responsable.

Apprendre à gérer l'argent de manière saine et responsable est une étape clé vers la prospérité financière. Malheureusement, de nombreuses personnes n'ont pas ces connaissances de base et finissent par faire face à des difficultés financières tout au long de leur vie.

Pour commencer, il est important de comprendre que l'argent doit être traité avec respect et soin. Cela signifie que vous devez apprendre à contrôler vos dépenses, en évitant les achats impulsifs et inutiles. Il est également indispensable d'établir un budget personnel, définissant les dépenses indispensables et superflues.

De plus, il est important d'avoir une vision à long terme et de penser à l'avenir. Cela signifie que vous devez économiser de l'argent régulièrement, que ce soit pour constituer une réserve d'urgence, pour atteindre un objectif financier important ou pour prendre votre retraite l'esprit tranquille.

Un autre aspect important est d'apprendre à gérer la dette de manière responsable. Il s'agit notamment d'éviter un endettement excessif et de toujours chercher à payer ses dettes à temps, en évitant les intérêts et les amendes. En cas de dettes plus élevées, il est important de demander l'aide d'un professionnel de la finance pour trouver les meilleures solutions pour votre cas spécifique.

Enfin, il est important de garder à l'esprit que la gestion saine et responsable de l'argent implique bien plus que de simples problèmes financiers. Vous devez avoir une attitude positive envers l'argent et apprendre à valoriser la sécurité et l'indépendance financières. Avec cet état d'esprit, il sera beaucoup plus facile d'atteindre la prospérité financière et d'avoir une vie plus paisible et épanouie.

Soyez discipliné et cohérent dans votre approche financière.

Lorsqu'il s'agit d'atteindre la prospérité financière, l'une des clés les plus importantes est d'être discipliné et cohérent dans votre approche financière. Cela signifie que vous devez développer de saines habitudes financières et vous y tenir à long terme.

L'une des premières choses que vous pouvez faire pour être discipliné avec vos finances est de créer un budget mensuel. Cela vous permettra de savoir exactement où va votre argent et vous aidera à éviter de trop dépenser pour des choses inutiles. Lorsque vous établissez un budget, vous devez être cohérent et le respecter. Cela peut signifier sacrifier du plaisir ou des loisirs à court terme pour atteindre vos objectifs financiers à long terme.

Une autre façon d'être discipliné est de vous fixer des objectifs financiers clairs et réalistes. Il peut s'agir d'épargner un certain montant d'argent chaque mois, de rembourser une dette existante ou d'investir dans votre retraite. Lorsque vous avez des objectifs précis en tête, il est plus facile de rester concentré et de travailler dur pour les atteindre.

De plus, il est important d'être cohérent dans vos habitudes d'épargne et d'investissement. Cela signifie que vous devez être discipliné pour économiser de l'argent chaque mois et l'investir dans un plan à long terme. Même si vous avez un mauvais mois, n'abandonnez pas votre plan financier. Au lieu de cela, faites des ajustements et continuez à avancer.

Il est important de se rappeler qu'être discipliné avec vos finances ne signifie pas que vous devez vivre une vie sans plaisir ni indulgences. La clé est de trouver un équilibre sain entre épargner et dépenser de l'argent pour des choses qui vous apportent bonheur et épanouissement à court terme, mais sans compromettre vos objectifs financiers à long terme.

Être discipliné et cohérent dans votre approche de la finance est essentiel pour atteindre la prospérité financière. Établissez un budget, fixez-vous des objectifs clairs, soyez cohérent dans vos habitudes d'épargne et d'investissement et trouvez un équilibre sain entre l'épargne et l'argent dépensé. N'oubliez pas que de petits changements et des actions cohérentes peuvent faire une grande différence à long terme.

Acceptez la responsabilité de vos décisions financières.

Accepter la responsabilité de vos décisions financières est un élément crucial de la réussite financière. Les gens préfèrent souvent blâmer les circonstances extérieures ou d'autres personnes pour leurs difficultés financières, plutôt que d'assumer leur responsabilité personnelle.

Cependant, la vérité est que chaque individu a un rôle important dans ses propres finances. Il est important de se rappeler que chaque décision financière que nous prenons a des conséquences et que nous devons donc être prudents et responsables dans nos choix.

Prendre la responsabilité financière commence par la connaissance de soi. Il est important de comprendre nos forces et nos faiblesses en matière de finances personnelles. Nous devons être conscients de nos limites et être réalistes quant à nos objectifs et attentes financiers.

Il est également important d'être conscient de nos habitudes financières. Nous devons surveiller nos dépenses et être honnêtes sur nos forces et nos faiblesses. Si nous découvrons que nous avons des habitudes de dépenses excessives ou des problèmes d'endettement, nous devons être prêts à prendre des mesures pour corriger ces problèmes et changer nos comportements.

Assumer la responsabilité financière signifie également être proactif au sujet de nos finances. Nous devons être prêts à prendre des mesures pour améliorer notre situation financière, comme créer un budget, économiser de l'argent, investir dans notre avenir et rechercher des opportunités de revenus supplémentaires.

En prenant la responsabilité financière, nous pouvons prendre le contrôle de nos finances et travailler vers un avenir financier plus stable et prospère. Avec la bonne combinaison de conscience de soi, de saines habitudes financières et d'une planification intelligente, nous pouvons atteindre nos objectifs financiers et assurer une vie financière saine et stable.

Élaborez un budget personnel et respectez-le.

L'élaboration d'un budget personnel est une étape importante pour gérer efficacement vos finances et atteindre vos objectifs financiers. Un budget est un outil qui vous aide à contrôler vos dépenses, à réduire vos dettes et à économiser de l'argent pour atteindre vos objectifs. Il est important d'avoir un plan financier clair et réaliste pour éviter les problèmes financiers et assurer un avenir financier prospère.

Pour commencer à créer un budget personnel, vous devez avoir une compréhension claire de vos dépenses régulières, y compris les dépenses fixes telles que le loyer, l'hypothèque, les factures de services publics et le paiement des dettes, ainsi que les dépenses variables telles que la nourriture, les vêtements, les divertissements et le transport. . Il est également important d'inclure les dépenses accessoires telles que les cadeaux d'anniversaire et les réparations domiciliaires.

Une fois que vous avez une compréhension complète de vos dépenses, il est important de comparer vos dépenses avec votre revenu mensuel. Assurez-vous que vos dépenses ne dépassent pas vos revenus et, si nécessaire, faites des ajustements pour équilibrer votre budget.

Respectez votre budget établi. Il est important que vous vous engagiez à respecter votre budget et que vous fassiez des ajustements si nécessaire. Vous pouvez utiliser des applications financières ou des feuilles de calcul pour vous aider à suivre vos finances.

N'oubliez pas qu'un budget personnel n'est pas quelque chose qui doit être créé une seule fois puis oublié. C'est un outil vivant qui doit être mis à jour régulièrement à mesure que votre vie financière change. Par exemple, si vous avez obtenu une augmentation au travail ou si vous avez remboursé une dette, il est important de mettre à jour votre budget pour refléter ces changements.

Créer et maintenir un budget personnel est une étape importante vers une vie financière saine et responsable. En ayant une compréhension claire de vos dépenses et de vos revenus, vous pouvez contrôler vos dépenses, réduire vos dettes et économiser de l'argent pour atteindre vos objectifs financiers à long terme. N'oubliez pas de revoir et de mettre à jour votre budget régulièrement pour refléter les changements dans votre situation financière.

Apprenez à épargner et à investir votre argent judicieusement.

Apprendre à épargner et à investir judicieusement est une compétence essentielle pour atteindre la prospérité financière. De nombreux jeunes peuvent se sentir désemparés lorsqu'il s'agit de gérer leurs finances, mais il existe de nombreuses façons d'apprendre à épargner et à investir efficacement.

L'une des premières choses que vous pouvez faire est de créer un budget personnel détaillé. Cela vous aidera à comprendre exactement où votre argent est dépensé et où il y a de la place pour économiser. Il est important d'être réaliste et d'inclure toutes vos dépenses mensuelles, des factures de base comme le loyer et le transport aux choses comme les sorties au restaurant et les divertissements.

Une fois que vous avez un budget en place, vous pouvez commencer à chercher des domaines où vous pouvez économiser de l'argent. L'un des moyens les plus efficaces d'économiser de l'argent est de réduire les dépenses inutiles comme les abonnements à la télévision ou les services que vous n'utilisez pas souvent. En outre, il peut être utile d'acheter des articles en solde, d'utiliser des coupons et de magasiner dans des magasins qui offrent des rabais.

Mais économiser de l'argent n'est qu'une partie de l'équation. Vous devriez également envisager d'investir votre argent pour augmenter vos revenus au fil du temps. Il existe de nombreuses options d'investissement disponibles, des actions et des obligations aux fonds communs de placement et à l'immobilier. Il est important de rechercher vos options et de trouver le placement qui correspond le mieux à vos besoins et objectifs financiers.

Cependant, investir peut être un processus compliqué, il est donc toujours recommandé de demander conseil à un professionnel de la finance ou de faire des recherches approfondies avant de prendre toute décision d'investissement.

Apprendre à épargner et à investir intelligemment est essentiel pour atteindre la prospérité financière. Commencez par créer un budget personnel, identifiez les domaines où vous pouvez économiser et recherchez les opportunités d'investissement qui correspondent à vos besoins et à vos objectifs. Avec de la pratique et un apprentissage continu, vous pouvez devenir un maître dans la gestion de votre argent et atteindre une sécurité financière à long terme.

Soyez prêt à prendre des risques financiers calculés.

Pour atteindre la prospérité financière, il est souvent nécessaire de prendre des risques. Cependant, cela ne signifie pas que vous devez prendre des décisions financières impulsives sans penser aux conséquences. Il est important d'avoir une approche stratégique et calculée pour prendre des risques financiers.

Avant de prendre une décision financière risquée, il est important que vous compreniez parfaitement les risques encourus. Faites vos recherches et évaluez les conséquences possibles avant de prendre une décision. De plus, il est important que vous ayez un plan de secours en place au cas où les choses ne se dérouleraient pas comme prévu.

Les risques financiers peuvent comprendre les placements en actions, la négociation d'options ou les investissements d'entreprise. Si vous envisagez d'investir dans des actions ou des options, il est important que vous compreniez le marché et son fonctionnement. Si vous envisagez de démarrer votre propre entreprise, il est important que vous établissiez un plan d'affaires et évaluiez les coûts impliqués.

Cependant, il est important de se rappeler que la prise de risques financiers n'est peut-être pas pour tout le monde. Si vous préférez une approche financière plus conservatrice, il peut être préférable de conserver vos investissements dans des comptes bancaires ou des titres à faible risque. C'est normal d'être prudent avec votre argent.

Quelle que soit l'approche que vous choisissez, il est important que vous soyez prêt à prendre des risques financiers calculés. N'oubliez pas que les plus grands succès financiers s'accompagnent souvent d'un certain degré de risque. En évaluant les risques encourus et en mettant en place un plan de sauvegarde solide, vous pouvez augmenter vos chances d'atteindre la prospérité financière.

Soyez toujours prêt à apprendre de vos erreurs financières.

Lorsqu'il s'agit d'argent, les erreurs sont inévitables. Peut-être avez-vous fait un mauvais investissement ou dépensé de l'argent pour quelque chose d'inutile. L'important est d'apprendre de ces erreurs et de ne pas les refaire. C'est là qu'intervient l'importance d'être toujours prêt à apprendre de vos erreurs financières.

En apprenant de vos erreurs, vous pouvez développer de meilleures stratégies financières pour l'avenir. Cela signifie évaluer les décisions financières passées, identifier où vous vous êtes trompé et trouver des solutions pour éviter ces erreurs à l'avenir. Par exemple, si vous avez eu des problèmes de dette de carte de crédit, vous pouvez choisir de réduire votre carte ou d'utiliser des stratégies pour contrôler vos dépenses.

De plus, apprendre de vos erreurs financières peut vous aider à développer une plus grande confiance en votre capacité à prendre des décisions financières judicieuses. Vous pouvez commencer à comprendre que même si vous faites des erreurs, vous êtes toujours capable de résoudre des problèmes et d'améliorer votre situation financière.

Cependant, il est important de ne pas vous blâmer excessivement pour les erreurs financières. Il est naturel de faire des erreurs, et la clé est d'en tirer des leçons et d'aller de l'avant. Si vous vous trouvez dans une situation financière difficile, n'ayez pas peur de demander l'aide d'un professionnel de la finance ou d'amis et de membres de votre famille en qui vous avez confiance.

Apprendre de vos erreurs financières est un processus continu, mais cela en vaut la peine. Cela aidera à bâtir une base financière plus solide et à prévenir de futures erreurs financières. N'oubliez pas que la réussite financière repose sur l'effort et l'engagement, mais aussi sur l'apprentissage continu et la capacité de s'adapter au changement.

Apprenez à gérer l'échec financier et utilisez-le comme une opportunité d'apprentissage.

L'échec financier est un problème auquel beaucoup d'entre nous sont confrontés à un moment donné de leur vie. Il peut être difficile de faire face à un échec, surtout en ce qui concerne nos finances. Cependant, il est important d'apprendre à gérer ces situations et à utiliser l'échec comme une opportunité d'apprentissage.

Plutôt que de vous faire honte ou de vous blâmer pour votre échec financier, il est important de reconnaître que tout le monde traverse des moments difficiles au cours de son parcours financier. Il est naturel de faire des erreurs et de prendre des décisions financières qui ne fonctionnent pas comme prévu. Plutôt que de se concentrer sur l'échec, il est important de voir la situation comme une opportunité d'apprendre et de grandir.

Apprendre d'un échec financier peut vous aider à éviter de refaire les mêmes erreurs. Cela pourrait inclure la modification de votre approche financière, la recherche de nouvelles sources de revenus, la réduction de vos dépenses ou l'éducation financière pour prendre des décisions plus éclairées.

De plus, l'échec financier peut vous aider à développer votre résilience et votre détermination. Lorsque nous faisons face à des défis financiers, nous sommes souvent obligés de trouver des solutions créatives et de persévérer pour traverser la situation. Cette résilience peut être une compétence précieuse dans d'autres domaines de la vie.

Enfin, rappelez-vous que l'échec financier ne vous définit pas en tant que personne. Votre estime de soi et votre valeur personnelle ne sont pas liées à votre réussite financière. Au lieu de cela, concentrez-vous sur l'apprentissage de la situation et sur la réalisation de vos objectifs financiers. Avec détermination, patience et persévérance, vous pouvez surmonter l'échec financier et atteindre la prospérité financière.

Soyez prêt à faire des sacrifices financiers pour atteindre vos objectifs.

Pour atteindre vos objectifs financiers, il est important d'être prêt à faire des sacrifices. Ces sacrifices peuvent sembler difficiles au début, mais à long terme, ils peuvent rapporter gros. Certaines personnes évitent de faire des sacrifices financiers parce qu'elles pensent qu'elles ne pourront pas s'amuser ou tirer le meilleur parti de la vie. Cependant, il existe des moyens d'atteindre vos objectifs financiers sans renoncer à toutes les choses que vous aimez.

La première chose que vous devez faire est de déterminer vos priorités financières. Qu'est-ce qui est le plus important pour vous ? Est-ce économiser de l'argent pour une urgence ou pour votre retraite? Remboursez-vous vos dettes ou économisez-vous pour un voyage ? Au fur et à mesure que vous déterminez vos priorités financières, vous pouvez commencer à faire des sacrifices dans d'autres domaines.

Une façon d'économiser de l'argent est de réduire vos dépenses en produits non essentiels. Cela ne signifie pas que vous devez arrêter de vous amuser ou de vous faire dorloter de temps en temps, mais cela pourrait signifier de réduire la fréquence à laquelle vous le faites. Par exemple, au lieu de sortir dîner chaque semaine, vous pourriez le faire une fois par mois. Au lieu d'acheter un café gastronomique de tous les jours, vous pouvez faire votre propre café à la maison.

Une autre façon d'économiser de l'argent est de réduire les dépenses fixes comme les abonnements à la télévision par câble ou les services de streaming. Au lieu de cela, vous pouvez utiliser des services gratuits ou moins chers comme les chaînes de télévision gratuites ou les bibliothèques publiques.

N'oubliez pas que vos sacrifices financiers doivent être réalistes et durables. Il est irréaliste de réduire toutes vos dépenses de loisirs et de passe-temps. Au lieu de cela, essayez de trouver des moyens d'économiser sur ces aspects, comme la recherche d'offres et d'offres spéciales sur des événements et des activités que vous aimez.

Enfin, il est important de se rappeler que les sacrifices financiers que vous faites maintenant peuvent avoir un impact important sur votre avenir financier. En épargnant de l'argent, vous pouvez créer un coussin financier qui vous protège en cas d'urgence, tout en investissant dans votre retraite et d'autres objectifs financiers à long terme. Soyez donc prêt à faire des sacrifices financiers pour atteindre vos objectifs et bâtir une base solide pour votre avenir financier.

Recherchez des opportunités d'apprentissage financier dans les livres, les cours et les mentorats.

Le monde financier peut être intimidant, mais il est important de se rappeler qu'il est possible de l'apprendre et de le maîtriser. Pour cela, il est essentiel de rechercher des opportunités d'apprentissage dans les livres, les cours et les mentorats.

Les livres de finances personnelles sont un excellent moyen de commencer à comprendre les bases, de la façon de budgétiser de l'argent à la façon d'investir dans des actions. Il existe une myriade d'options disponibles, des best-sellers populaires aux plus techniques, choisissez celle qui convient à votre style d'apprentissage et à vos objectifs financiers.

Les cours en ligne et en face à face sont également une excellente option pour ceux qui souhaitent améliorer leurs connaissances financières. Beaucoup d'entre eux sont abordables et peuvent être réalisés à votre rythme. Ils peuvent inclure des cours sur la gestion financière personnelle, l'investissement, la planification fiscale et bien plus encore. En outre, de nombreux cours gratuits sont disponibles sur Internet.

Les mentors financiers sont également un excellent moyen d'obtenir des conseils et des conseils personnalisés. Ils peuvent vous aider à identifier et à atteindre vos objectifs financiers, vous fournir des commentaires sur vos décisions financières et vous proposer des stratégies pour améliorer votre situation financière. Recherchez des mentors qui ont de l'expérience dans votre domaine d'intérêt et qui sont prêts à partager leurs connaissances.

N'oubliez pas que vous renseigner sur les finances personnelles peut vous aider à prendre des décisions plus éclairées et à atteindre vos objectifs financiers plus efficacement. Recherchez constamment des opportunités d'apprentissage financier et mettez ce que vous apprenez en pratique. La discipline et la cohérence de votre approche financière sont essentielles pour atteindre la prospérité financière à long terme.

Croyez en votre potentiel financier et en votre capacité à augmenter vos revenus.

Croire en votre potentiel financier et votre capacité à augmenter vos revenus est essentiel pour atteindre la prospérité financière. Beaucoup de gens croient que la richesse est quelque chose d'inaccessible ou qu'elle est réservée uniquement à ceux qui sont nés dans des familles riches ou qui ont des capacités spéciales. Cependant, cette croyance limitante ne fait qu'empêcher les gens d'atteindre leur véritable potentiel financier.

Au lieu de cela, il est important de croire qu'il est possible d'améliorer votre situation financière et d'atteindre vos objectifs financiers. En ayant cet état d'esprit, vous devenez plus motivé et déterminé à rechercher de nouvelles opportunités de revenus et d'investissement. Vous devenez également plus ouvert à l'apprentissage et à l'amélioration de vos compétences financières.

Il est important de se rappeler que le succès financier ne se produit pas du jour au lendemain et que vous devrez peut-être faire face à des défis en cours de route. Cependant, en croyant en votre potentiel financier, vous serez plus enclin à persévérer dans vos efforts et à trouver des solutions créatives pour surmonter ces obstacles.

N'oubliez pas non plus que votre situation financière actuelle ne détermine pas votre avenir financier. Quelle que soit votre situation actuelle, il est possible d'atteindre la prospérité financière si vous êtes prêt à travailler dur, à apprendre et à faire des choix financiers judicieux.

Alors croyez en vous et en votre potentiel financier. Visualisez vos objectifs financiers et efforcez-vous constamment de les atteindre. Avec de la persévérance, de la discipline et une attitude positive, vous pouvez atteindre la prospérité financière que vous désirez.

Soyez ouvert à de nouvelles opportunités financières et sources de revenus.

Pour atteindre la prospérité financière, il est important d'être ouvert à de nouvelles opportunités financières et sources de revenus. Cela signifie que vous devez être prêt à explorer différentes options et être créatif dans votre approche pour gagner de l'argent. Plutôt que de vous limiter à une seule source de revenus, cherchez des moyens de diversifier vos revenus et explorez de nouvelles opportunités.

Une façon d'y parvenir est de rechercher de nouvelles compétences que vous pouvez acquérir ou améliorer afin d'élargir vos compétences et d'offrir des services précieux aux autres. Vous pouvez suivre des cours, des ateliers et des formations en ligne ou en face à face pour développer des compétences dans des domaines tels que le marketing, la finance, l'entrepreneuriat et bien plus encore.

Une autre façon d'explorer de nouvelles opportunités financières est de rechercher de nouvelles entreprises ou de nouveaux investissements. Cela pourrait inclure le démarrage de votre propre entreprise, l'investissement dans des actions ou des fonds communs de placement, ou même l'investissement dans des crypto-monnaies. Il est important de faire vos recherches et de comprendre les risques liés à chaque opportunité avant d'investir votre argent.

Il est également important d'être ouvert aux opportunités de revenus passifs, comme la location de biens immobiliers ou l'investissement dans des titres à revenu fixe. Ces opportunités peuvent vous fournir un revenu supplémentaire sans nécessiter beaucoup de temps ou d'efforts de votre part.

Être ouvert à de nouvelles opportunités financières et sources de revenus peut vous aider à atteindre la prospérité financière. Soyez créatif, soyez prêt à apprendre et explorez différentes options pour trouver ce qui vous convient le mieux. N'oubliez pas de toujours faire vos recherches et de comprendre les risques liés à chaque opportunité avant d'investir votre argent.

Développer des compétences de négociation et de communication pour améliorer vos finances.

Développer des compétences en négociation et en communication peut être un excellent moyen d'améliorer vos finances et d'atteindre vos objectifs financiers. Si vous êtes capable de négocier et de communiquer efficacement, vous pouvez obtenir de meilleures conditions dans vos transactions financières, ainsi que trouver des moyens d'augmenter vos revenus et d'économiser de l'argent.

La négociation est une compétence qui s'apprend et s'améliore avec la pratique. Il est important d'être préparé et d'avoir une stratégie claire en tête avant d'entrer dans un métier. Faites vos recherches et découvrez ce à quoi vous pouvez raisonnablement vous attendre avant de commencer à trader. Soyez prêt à écouter les autres parties et soyez flexible dans vos demandes, mais sachez aussi quand il est temps de sortir de la négociation si elle ne va pas dans la direction souhaitée.

De plus, la communication est une compétence essentielle dans la gestion des finances. Apprendre à communiquer clairement et efficacement avec les banques, les prêteurs, les institutions financières et autres est essentiel pour s'assurer que vos besoins financiers sont satisfaits. Sachez comment articuler vos désirs et vos besoins de manière claire et concise, et soyez prêt à poser des questions et à demander des éclaircissements chaque fois que nécessaire.

Enfin, développer des compétences en négociation et en communication peut vous aider à trouver de nouvelles opportunités financières et sources de revenus.

En étant capable de communiquer clairement et de négocier efficacement, vous pouvez découvrir des moyens de gagner plus d'argent ou d'économiser davantage sur vos finances. Gardez l'esprit ouvert et soyez prêt à explorer de nouvelles opportunités et approches pour atteindre vos objectifs financiers.

Sachez quand demander une aide financière et à qui vous adresser.

Savoir comment demander une aide financière en cas de besoin peut être un défi pour de nombreuses personnes. Cependant, il est important de se rappeler que nous traversons tous des moments difficiles avec nos finances et que demander de l'aide est une chose courageuse et intelligente à faire.

Si vous éprouvez des difficultés financières, la première chose à faire est d'évaluer votre situation et de déterminer le type d'aide financière dont vous avez besoin. Cela peut aller de conseils financiers gratuits à des prêts personnels ou à l'aide de la famille et des amis.

L'une des meilleures sources d'aide financière est un conseiller financier. Ces professionnels peuvent vous aider à identifier les problèmes de vos finances et vous donner des conseils pour vous aider à surmonter ces défis.

Ils peuvent également vous aider à créer un plan financier réaliste et réalisable pour atteindre vos objectifs financiers.

Si vous avez besoin d'une aide immédiate, vous pouvez vous tourner vers des organisations à but non lucratif qui offrent des conseils financiers gratuits. Ces groupes peuvent vous aider à évaluer votre situation financière et vous donner des conseils sur la façon de gérer vos dettes, de réduire vos dépenses et d'établir un budget réaliste.

Si vous envisagez de contracter des prêts personnels pour faire face à des dettes ou à des dépenses imprévues, il est important d'être prudent. Assurez-vous de bien comprendre les conditions du prêt et que vous pouvez payer les versements avant de signer tout document. Si vous n'avez pas de bons antécédents de crédit, il peut être difficile d'obtenir un prêt à des taux raisonnables, alors faites vos recherches et comparez les options.

Enfin, n'ayez pas peur de demander de l'aide à votre famille et à vos amis. Bien qu'emprunter de l'argent puisse être inconfortable, c'est mieux que de faire face seul à des problèmes financiers. Assurez-vous d'avoir un plan pour rembourser l'argent emprunté et soyez reconnaissant pour le soutien.

N'oubliez pas que demander une aide financière n'est pas un signe de faiblesse, mais un signe de force et de détermination pour surmonter les difficultés financières. N'ayez pas peur de demander de l'aide et des ressources pour vous aider à atteindre la stabilité financière.

Évitez les dettes inutiles et les taux d'intérêt élevés.

Éviter les dettes inutiles et les taux d'intérêt élevés est l'une des principales étapes pour maintenir une vie financière saine. Beaucoup de gens se retrouvent dans une situation d'endettement parce qu'ils ne peuvent pas contrôler leurs dépenses et finissent par accumuler des intérêts qui, avec le temps, peuvent devenir insupportables.

Pour éviter les dettes inutiles et les taux d'intérêt élevés, il est important d'avoir une discipline financière. L'une des premières choses que vous pouvez faire est de créer un budget réaliste, en tenant compte de toutes vos dépenses et revenus mensuels. Avec un budget bien défini, vous pouvez mieux contrôler vos dépenses et réduire les dépenses inutiles.

Un autre conseil important est d'éviter l'utilisation excessive des cartes de crédit. Bien que ces cartes puissent être utiles dans de nombreuses situations, elles peuvent également être dangereuses lorsqu'elles sont mal utilisées. Il est important de n'utiliser votre carte de crédit que lorsque vous êtes certain de pouvoir régler la totalité de la facture à la fin du mois.

De plus, avant d'effectuer tout achat en plusieurs fois, il est important de vérifier que les taux d'intérêt ne sont pas abusifs. Souvent, la valeur totale de l'achat en plusieurs versements peut être bien supérieure à la valeur du produit lui-même, en raison des intérêts. Par conséquent, il est essentiel de lire attentivement les termes du contrat avant de clôturer un paiement échelonné.

Soyez reconnaissant pour ce que vous avez et ce que vous avez déjà accompli financièrement.

Être reconnaissant est une attitude importante à avoir dans de nombreux domaines de la vie, y compris les finances. Il est courant qu'en se concentrant uniquement sur les objectifs à atteindre, les gens finissent par oublier de valoriser ce qu'ils ont déjà et ce qu'ils ont réalisé jusqu'à présent.

Par conséquent, il est important de cultiver la gratitude envers l'argent et les réalisations financières, même si elles semblent petites. Remercier pour la capacité de travailler et de générer des revenus, pour l'argent qui permet de satisfaire les désirs et les besoins, pour l'accès aux services et aux produits qui peuvent améliorer la qualité de vie, ne sont que quelques façons de montrer sa gratitude.

En étant reconnaissant pour ce que vous avez déjà, vous pouvez avoir plus de clarté pour fixer des buts et objectifs financiers futurs. En effet, la gratitude aide à développer une perspective positive et réaliste par rapport aux finances, empêchant les gens de tomber dans des pièges tels que le consumérisme effréné, l'envie ou la poursuite de plus d'argent à tout prix.

Il est important de souligner qu'être reconnaissant ne signifie pas être accommodant ou cesser de chercher de meilleures opportunités financières. Au contraire, la gratitude devrait être un point de départ pour fixer des objectifs financiers plus ambitieux et réalistes.

Cultiver la gratitude autour de l'argent et des réalisations financières est un moyen de rester motivé et conscient financièrement, d'éviter les comportements malsains et de trouver un équilibre sain entre les besoins, les désirs et les objectifs financiers.

Apprenez à faire face à la pression sociale pour dépenser de l'argent sur des choses chères.

La pression sociale pour dépenser de l'argent dans des choses chères est une réalité à laquelle beaucoup de gens sont confrontés. Il peut être difficile de résister à cette pression et de rester fidèle à vos objectifs financiers, mais il est important de se rappeler que vos priorités financières doivent être déterminées par vous, et non par les autres.

Pour faire face à cette pression, commencez par définir clairement vos objectifs financiers et ce qui est important pour vous. Demandez-vous ce que vous appréciez le plus : dépenser de l'argent pour des choses qui vous procurent un plaisir à court terme ou épargner pour atteindre vos objectifs financiers à long terme, comme l'achat d'une maison, la retraite ou le remboursement de dettes.

Ensuite, apprenez à dire non poliment et avec assurance. Vous n'avez pas à justifier vos choix financiers, mais il est important d'expliquer vos objectifs et vos priorités. Vous pouvez dire quelque chose comme : « J'apprécie votre suggestion, mais en ce moment j'économise pour atteindre un objectif financier qui me tient à cœur. Si les gens continuent d'insister, soyez ferme et répétez votre position.

Enfin, rappelez-vous que les choses matérielles n'apportent pas un bonheur durable. Concentrez-vous sur la construction de relations et d'expériences significatives plutôt que sur l'accumulation de biens matériels. Soyez ouvert à l'exploration d'options moins chères, telles que des voyages moins chers ou des restaurants moins chers, et partagez ces expériences avec vos amis et votre famille.

Pour faire face à la pression sociale de dépenser de l'argent pour des choses coûteuses, il est important d'être clair sur vos priorités et vos objectifs financiers, de dire non avec assurance et de vous rappeler que des expériences et des relations significatives ont plus de valeur que des possessions matérielles coûteuses.

Investissez en vous, votre éducation et vos compétences.

Investir en soi peut être l'une des meilleures décisions financières que l'on puisse prendre. L'éducation et le développement des compétences peuvent vous aider à augmenter vos revenus, à ouvrir de nouvelles opportunités de carrière et à créer un avenir financier plus sûr.

Il existe de nombreuses façons d'investir en soi, et l'éducation en fait partie. Cela ne signifie pas que vous devez retourner à l'école et obtenir un diplôme de premier cycle ou d'études supérieures. Il existe de nombreuses options de formation abordables, telles que des cours en ligne, des ateliers, des webinaires et des programmes de formation qui peuvent vous aider à développer des compétences spécifiques à votre domaine.

Il est également important d'investir dans vos compétences interpersonnelles telles que la communication, le leadership et la résolution de problèmes. Ces compétences peuvent être développées grâce à une formation spécialisée, à la lecture de livres et au réseautage.

Une autre façon d'investir en vous-même consiste à faire des activités de santé physique et mentale. Maintenir un mode de vie sain peut aider à augmenter la productivité, à réduire le stress et à améliorer la qualité de vie.

Investir en soi peut sembler un luxe au début, mais c'est un investissement qui peut vous apporter des avantages financiers et personnels à long terme. N'oubliez pas que l'argent dépensé pour votre propre éducation et vos compétences est un investissement dans votre capacité à gagner de l'argent et à créer un avenir financier plus sûr et plus prospère.

Soyez patient et cohérent dans vos efforts financiers.

En matière de finances, beaucoup d'entre nous veulent des résultats immédiats. Nous voulons rembourser rapidement nos dettes, augmenter nos revenus en un clin d'œil et accumuler de la richesse instantanément. Cependant, la véritable construction de la richesse et de la stabilité financière nécessite de la patience et de la cohérence.

Souvent, les gens abandonnent leurs efforts financiers parce qu'ils ne voient pas de résultats immédiats. Cependant, il est important de comprendre que la constitution d'un patrimoine est un processus graduel et qu'il prend du temps. Il faut de la patience pour atteindre des objectifs financiers à long terme.

De plus, la cohérence est la clé de la réussite financière. Cela signifie être discipliné quant à vos habitudes financières, même lorsque les choses se compliquent. Cela signifie économiser régulièrement, investir régulièrement et respecter votre budget même lorsqu'il y a des tentations de trop dépenser.

L'une des clés de la cohérence financière consiste à créer un plan réaliste et réalisable pour vos finances. Cela peut inclure la définition d'objectifs financiers spécifiques, l'établissement d'un budget réaliste et la création d'un plan d'investissement cohérent. En suivant ce plan, vous pouvez rester sur la bonne voie même lorsque les choses se compliquent.

Il est important de se rappeler que la patience et la constance sont essentielles à la réussite financière. Si vous cherchez à créer une richesse et une stabilité financière à long terme, vous devez être prêt à être patient et cohérent dans vos efforts financiers. N'oubliez pas que la constitution d'un patrimoine est un processus graduel et qu'il faut du temps. Avec de la patience et de la constance, vous pouvez atteindre vos objectifs financiers et bâtir un avenir financier sûr et stable.

Soyez responsable et éthique dans vos transactions financières.

Être responsable et éthique dans vos transactions financières est une caractéristique fondamentale d'une personne prospère et respectable. Cela implique de se comporter honnêtement et avec intégrité dans toutes vos activités financières, y compris les investissements, les transactions et les prêts.

En agissant de manière éthique, vous construisez une réputation positive qui peut être bénéfique pour votre entreprise et vos finances à long terme. Cela signifie éviter les pratiques malhonnêtes ou illégales telles que la fraude, la corruption et l'évasion fiscale. De plus, vous devez respecter vos obligations financières, telles que payer vos dettes à temps et honorer les contrats.

Être financièrement responsable signifie également planifier vos finances avec soin et consciencieusement. Cela comprend la création d'un budget personnel, le contrôle de vos dépenses et l'investissement responsable de votre argent. De plus, il est important d'être conscient des risques liés à tout investissement ou transaction financière et de prendre des décisions éclairées en fonction de vos objectifs financiers et de votre niveau de confort.

En étant éthique et responsable dans vos transactions financières, vous construisez une base solide pour votre avenir financier et développez une réputation positive sur le marché financier. Cela peut créer des opportunités commerciales et augmenter vos chances de réussite financière à long terme. Rappelez-vous toujours d'agir avec intégrité, honnêteté et responsabilité dans toutes vos activités financières.

Ne vous comparez pas financièrement aux autres; chaque personne a un parcours unique.

Se comparer financièrement aux autres peut être un piège dangereux. Chaque individu a une trajectoire financière unique, avec ses propres circonstances, opportunités et défis. Lorsque vous vous comparez à d'autres personnes, vous pouvez ressentir de l'envie, de la frustration ou même du désespoir. Ces émotions peuvent vous amener à prendre des décisions financières imprudentes ou à douter de vos propres choix.

Il est important de se rappeler que chaque personne a ses propres objectifs financiers et une approche personnalisée pour les atteindre. Certaines personnes peuvent choisir d'épargner davantage à un moment donné, tandis que d'autres préfèrent investir dans leur entreprise ou leurs projets personnels. Ce qui fonctionne pour une personne peut ne pas fonctionner pour une autre, et c'est tout à fait normal.

Au lieu de vous comparer aux autres, concentrez-vous sur vos propres objectifs financiers et vos progrès personnels. Fixez-vous des objectifs réalistes, créez un budget adapté à vos besoins et efforcez-vous d'économiser et d'investir judicieusement. Rappelez-vous que le voyage financier est un marathon, pas un sprint. Il faut du temps pour bâtir la richesse et la stabilité financière, et il est important d'être patient et cohérent dans vos efforts.

N'oubliez pas non plus que le bonheur et le bien-être ne sont pas nécessairement liés à l'argent. Il est facile de se perdre dans la course pour gagner plus d'argent, mais il est important de se rappeler que le bonheur peut être trouvé dans de nombreux autres domaines de la vie, tels que les relations, les loisirs et les expériences. Concentrez-vous sur la recherche d'un équilibre sain entre votre vie financière et vos autres objectifs et passions.

Ne vous comparez pas financièrement aux autres. Chaque individu a un parcours unique et une approche personnalisée de ses objectifs financiers. Au lieu de cela, concentrez-vous sur vos propres objectifs et progrès, en étant patient, cohérent et équilibré dans vos efforts financiers.

Faites des choix financiers conscients et alignés sur vos valeurs personnelles.

Faire des choix financiers conscients et alignés sur vos valeurs personnelles est une étape importante vers la stabilité financière et le bonheur. Il est courant de se laisser emporter par les publicités et les pressions sociales pour dépenser de l'argent sur des choses qui souvent n'ajoutent pas de valeur à nos vies et nous laissent insatisfaits.

En développant une conscience financière et en comprenant quelles sont vos valeurs personnelles, vous serez plus susceptible de faire des choix financiers sains qui correspondent à vos objectifs et à vos besoins. Par exemple, si vous accordez de l'importance à la durabilité, vous pouvez choisir d'investir dans des produits et services respectueux de l'environnement et durables.

Il faut aussi éviter de tomber dans le piège d'une consommation débridée, qui peut engendrer des dettes et des problèmes financiers. Au lieu de cela, adoptez un style de vie plus simple et plus minimaliste, valorisant les expériences et les relations plutôt que les possessions matérielles.

En prenant des décisions financières conscientes et alignées sur vos valeurs personnelles, vous serez plus susceptible de vous sentir épanoui et satisfait de vos choix, en plus de contribuer à bâtir un avenir financier plus stable et prospère. Rappelez-vous toujours que l'argent doit être un moyen d'atteindre vos objectifs et non une fin en soi.

Restez à jour sur les tendances financières et d'investissement.

Pour réussir financièrement, il est important de se tenir au courant des tendances financières et d'investissement. Le monde financier est en constante évolution, et suivre ces changements est essentiel pour prendre des décisions éclairées concernant vos finances.

Il existe plusieurs façons de se tenir au courant des tendances financières. L'une consiste à lire des livres et des articles sur les finances personnelles et l'investissement. Il existe de nombreux excellents livres écrits par des experts financiers qui peuvent vous aider à mieux comprendre le fonctionnement du monde financier.

De plus, il est important de se tenir au courant de l'actualité financière et économique. Les actualités financières peuvent fournir des informations importantes sur les performances boursières, les taux d'intérêt, les fluctuations des devises et d'autres facteurs susceptibles d'affecter vos investissements.

Il est également important d'être au courant des tendances d'investissement. Les tendances peuvent changer rapidement, et il est important d'être conscient des opportunités et des risques qu'elles peuvent apporter. Par exemple, il existe actuellement une tendance croissante à investir dans les crypto-monnaies et les entreprises travaillant avec des technologies perturbatrices.

De plus, de nombreux cours et programmes éducatifs sont disponibles pour vous aider à rester au courant des tendances financières. Ces programmes peuvent être offerts par des universités, des sociétés d'investissement ou d'autres organismes financiers.

Il est essentiel de se tenir au courant des tendances financières et d'investissement pour prendre des décisions financières éclairées et atteindre vos objectifs financiers. N'oubliez pas que les tendances peuvent changer rapidement et qu'il est important de toujours être conscient des opportunités et des risques qu'elles peuvent apporter.

Chapitre 2 : Finances personnelles pour les jeunes diplômés

Comment commencer à économiser de l'argent juste après l'obtention du diplôme.

Après l'obtention de leur diplôme, de nombreux jeunes diplômés entrent sur le marché du travail avec un salaire modeste et la nécessité de s'adapter à une nouvelle routine de dépenses. C'est alors que la capacité d'économiser de l'argent devient essentielle. La bonne nouvelle est qu'avec quelques changements simples, vous pouvez commencer à épargner dès maintenant et vous assurer un avenir financier stable.

La première étape consiste à établir un budget réaliste et à s'y tenir. Notez toutes vos dépenses fixes, telles que le loyer, la nourriture et les factures de services publics, et incluez un montant pour les loisirs et les dépenses variables. En fixant une limite à vos dépenses, vous pouvez éviter de dépenser plus que ce que vous gagnez et de vous endetter.

Deuxièmement, cherchez des moyens d'économiser sur vos dépenses quotidiennes. De petits changements, comme apporter le déjeuner de la maison au lieu de manger au restaurant tous les jours, peuvent faire une grande différence à long terme. Envisagez également des alternatives moins chères comme le vélo ou les transports en commun au lieu de la voiture.

Troisièmement, envisagez d'ouvrir un compte d'épargne. Même si vous commencez avec de petits montants, tels que R$ 50,00 par mois, ces montants s'accumuleront au fil du temps et deviendront une réserve financière pouvant être utilisée en cas d'urgence ou pour atteindre des objectifs à long terme, tels que l'achat d'une voiture ou d'un bien immobilier. domaine.

Un autre conseil important est d'éviter les dettes de carte de crédit ou les prêts inutiles. Si vous avez besoin de crédit, recherchez des options à faible taux d'intérêt et lisez attentivement les termes de l'accord avant de signer. N'oubliez pas que ces dettes peuvent rapidement s'accumuler et rendre votre vie financière difficile à l'avenir.

Enfin, n'oubliez pas d'investir dans votre éducation financière. Lisez des livres sur les finances personnelles, suivez des blogs et des chaînes spécialisés dans la finance et demandez conseil à des personnes expérimentées. Apprendre à gérer judicieusement votre argent est une compétence fondamentale qui vous apportera des avantages tout au long de votre vie.

Économiser de l'argent dès le plus jeune âge est essentiel pour assurer une vie financière stable et sans dette. Commencez dès maintenant à apporter de petits changements à votre mode de vie et créez une base solide pour l'avenir.

Comment créer un plan d'investissement adapté à vos besoins et objectifs financiers.

Un plan de placement personnalisé peut vous aider à atteindre vos objectifs financiers à long terme. Après tout, investir de l'argent est l'un des moyens les plus efficaces d'augmenter votre patrimoine. Cependant, il n'y a pas de plan d'investissement unique qui fonctionne pour tout le monde. Il est essentiel de créer un plan d'investissement adapté à vos besoins et objectifs spécifiques.

Voici quelques étapes que vous pouvez suivre pour créer un plan d'investissement personnalisé :

Déterminez vos objectifs financiers : Avant de commencer à investir, vous devez déterminer vos objectifs financiers. Vous épargnez pour une retraite confortable ? Vous voulez économiser pour acheter une maison ? Ou prévoyez-vous une grosse dépense, comme payer les études collégiales de votre enfant ? L'identification de vos objectifs financiers vous aidera à orienter votre plan d'investissement.

Évaluez votre profil de risque : Le risque fait partie intégrante de tout investissement. Mais le degré de risque que vous êtes prêt à prendre dépend de votre tolérance au risque et de vos objectifs financiers. Si vous avez un profil d'investisseur prudent, vous pouvez choisir d'investir dans des produits financiers à moindre risque, comme les obligations d'État. D'un autre côté, si vous êtes un investisseur agressif, vous pourriez être prêt à prendre plus de risques afin d'obtenir des rendements plus élevés.

Choisissez des classes d'actifs : les classes d'actifs comprennent les actions, les obligations, l'immobilier, les matières premières et les fonds communs de placement. Chaque classe d'actifs a différents niveaux de risque et de rendement. Une bonne stratégie d'investissement consiste à diversifier votre portefeuille dans plusieurs classes d'actifs afin de réduire le risque global.

Choisissez des produits financiers spécifiques : Une fois que vous avez décidé dans quelles classes d'actifs vous souhaitez investir, il est temps de choisir des produits financiers spécifiques. Par exemple, si vous souhaitez investir dans des actions, vous pouvez choisir d'acheter des actions individuelles, ou vous pouvez choisir un fonds commun de placement ou un ETF (Exchange Traded Fund).

Ajustez votre plan selon vos besoins et votre situation : Enfin, rappelez-vous que votre plan de placement est un document évolutif qui doit être ajusté selon vos besoins et votre situation. Par exemple, si vous approchez de la retraite, vous pourriez choisir d'ajuster votre portefeuille pour réduire les risques et assurer un flux de revenu régulier.

La création d'un plan de placement personnalisé peut vous aider à atteindre vos objectifs financiers à long terme. En suivant ces étapes et en travaillant avec un professionnel financier qualifié, vous pouvez créer un plan d'investissement personnalisé qui répond à vos besoins et objectifs uniques.

Comment planifier votre carrière pour maximiser vos revenus à long terme.

La planification de carrière est une stratégie importante pour atteindre le succès financier à long terme. Les gens commencent souvent à travailler sans penser à leurs objectifs à long terme, ce qui peut entraîner une carrière sans direction et mal rémunérée. Pour maximiser le revenu à long terme, il est important de considérer certains aspects de votre carrière.

La première étape consiste à définir vos objectifs. Demandez-vous où vous voulez être dans cinq, dix ou vingt ans. Cela peut vous aider à prendre des décisions concernant les emplois que vous poursuivez et les compétences que vous devez développer.

Ensuite, il est important de rechercher des opportunités de croissance professionnelle. Il peut s'agir de suivre des cours de spécialisation, d'obtenir des certifications ou d'obtenir un diplôme d'études supérieures. Le développement constant de nouvelles compétences et l'acquisition de connaissances sont importants pour rester compétitif sur le marché du travail.

Une autre astuce consiste à rechercher des entreprises qui offrent des opportunités de croissance interne. Cela signifie que l'entreprise offre des opportunités de promotion et d'avancement au sein de l'organisation. En trouvant une entreprise qui valorise et investit dans ses employés, vous pouvez avoir la chance d'atteindre de nouveaux sommets et d'augmenter vos revenus.

De plus, il est important d'avoir un bon réseau de contacts professionnels. Établissez des liens avec des collègues, des camarades de classe, des enseignants et d'autres professionnels de votre secteur. Ils peuvent offrir des conseils, aider à trouver de nouvelles opportunités et même servir de référence pour de futurs emplois.

Enfin, rappelez-vous qu'une carrière n'est pas un cheminement linéaire. Soyez ouvert au changement et aux nouvelles opportunités. Parfois, changer d'emploi ou de secteur peut vous aider à atteindre vos objectifs financiers à long terme.

La planification de votre carrière est un élément clé pour maximiser votre revenu à long terme. Définir vos objectifs, rechercher des opportunités de croissance professionnelle, rechercher des entreprises qui valorisent le développement de leurs employés, construire un réseau de contacts et être ouvert au changement peuvent vous aider à atteindre vos objectifs financiers et professionnels.

Comment gérer votre dette étudiante après l'obtention de votre diplôme.

Après avoir obtenu leur diplôme d'études collégiales, de nombreux jeunes sont confrontés à la réalité d'avoir à faire face à la dette étudiante. Rembourser ces dettes peut sembler décourageant, mais avec une planification et quelques conseils utiles, vous pouvez gérer efficacement vos dettes.

Voici quelques conseils pour vous aider à gérer votre dette étudiante :

Comprendre les termes et conditions : Il est important de comprendre les termes de votre prêt étudiant, tels que le taux d'intérêt et la durée de paiement. Assurez-vous de savoir combien vous devez payer, quand vous devez le payer et comment le payer.

Créez un plan de paiement : Il est important de créer un plan de paiement réaliste et réalisable pour éviter les retards de paiement et les défauts de paiement. Vous pouvez diviser le montant total de votre dette en mensualités et fixer une date limite pour les payer.

Envisagez la consolidation de prêts : La consolidation de vos prêts peut être une bonne option si vous avez plusieurs prêts étudiants avec des taux d'intérêt différents. Le regroupement de prêts vous permet de regrouper vos prêts en un seul avec un taux d'intérêt généralement plus bas.

Recherchez les programmes de remise de prêt : certains programmes offrent une remise de prêt aux personnes travaillant dans certains domaines, tels que les services publics, les organisations à but non lucratif et l'éducation. Recherchez s'il existe des programmes d'annulation de prêt auxquels vous avez droit.

Envisagez le refinancement : Le refinancement peut être une option si vous avez de bons antécédents de crédit et un taux d'intérêt élevé sur vos prêts étudiants. Le refinancement vous permet d'obtenir un nouveau prêt à un taux d'intérêt inférieur pour rembourser vos anciens prêts étudiants.

La gestion de la dette étudiante peut être difficile, mais avec une planification et un plan d'action réaliste, vous pouvez traverser cette phase financière. N'oubliez pas que la gestion de la dette est une compétence importante qui peut vous aider à établir une base financière solide pour l'avenir.

Conseils pour trouver un emploi qui offre des avantages financiers, comme un régime de retraite privé.

Trouver un emploi qui offre des avantages financiers peut être l'une des meilleures choses que vous puissiez faire pour votre vie financière. L'un des avantages financiers les plus précieux est un régime de retraite privé. Ce type de régime peut vous aider à épargner pour votre retraite et vous procurer une tranquillité d'esprit financière en cours de route.

Faites des recherches sur l'entreprise avant de postuler : Avant de postuler à un emploi, faites des recherches sur l'entreprise pour voir si elle offre un régime de retraite privé et quelles options sont disponibles. Cela peut vous aider à évaluer si l'entreprise vous convient.

Demandez pendant l'entrevue : Pendant l'entrevue, c'est une bonne idée de poser des questions sur les avantages offerts par l'entreprise, y compris le régime de retraite privé. Cela peut vous aider à mieux comprendre les avantages sociaux et à prendre une décision éclairée.

Considérez l'ensemble des avantages sociaux dans son ensemble : Bien qu'un régime de retraite privé soit un avantage financier précieux, il est important d'évaluer l'ensemble des avantages sociaux dans son ensemble. Tenez compte de facteurs tels que les congés payés, les soins médicaux et dentaires, l'assurance-vie et d'autres avantages qui pourraient vous être utiles.

Évaluer les options de placement : Si l'entreprise offre un régime de retraite privé, assurez-vous d'évaluer les options de placement disponibles. Vérifiez les options de placement qui correspondent à vos objectifs financiers et à votre niveau de risque.

Versez des cotisations régulières : Si vous choisissez de participer à un régime de retraite privé, il est important de verser des cotisations régulières. Plus tôt vous commencerez à cotiser, plus votre argent aura de temps pour fructifier et plus il vous sera facile d'atteindre vos objectifs financiers à long terme.

Trouver un emploi qui offre un régime de retraite privé peut être un grand pas vers l'amélioration de votre situation financière à long terme. En faisant des recherches sur l'entreprise, en posant des questions lors de l'entretien, en évaluant les avantages sociaux, en évaluant les options d'investissement et en versant des cotisations régulières, vous pouvez faire les premiers pas vers une vie financière plus sûre et sereine. Bien qu'au Brésil de nombreuses entreprises n'aient pas ce type d' avantages , il est nécessaire que nous commencions à rechercher des entreprises qui offrent des avantages au travailleur, en pensant à la période de post-productivité.

Conseils pour négocier les salaires et les avantages sociaux lors des entretiens d'embauche.

La négociation des salaires et des avantages est une étape importante pour les demandeurs d'emploi. Cependant, beaucoup de gens manquent d'assurance et ne savent pas comment aborder le sujet. La négociation salariale ne doit pas être un animal à sept têtes, préparez-vous simplement et suivez quelques conseils.

Avant de commencer à négocier, il est important de faire des recherches sur le marché et de savoir quel est le salaire moyen pour le poste que vous recherchez. De cette façon, vous aurez une idée de ce que vous pouvez demander sans en faire trop.

Une autre astuce consiste à répertorier vos compétences et expériences qui font de vous un candidat précieux pour l'entreprise. Avec ces informations en main, vous pouvez expliquer pourquoi vous méritez un salaire plus élevé.

En plus du salaire, il est important de négocier les avantages offerts par l'entreprise. Chèques-repas, plan de santé, assurance-vie et régime de retraite privé sont quelques exemples d'avantages qui peuvent être discutés lors de la négociation.

Pendant l'entretien, soyez clair et objectif lorsque vous parlez de vos attentes salariales et de vos avantages sociaux. Il est important de démontrer que vous appréciez le travail et l'entreprise, mais que vous recherchez un salaire équitable et des avantages sociaux adaptés à vos besoins.

N'oubliez pas que la négociation salariale est une voie à double sens, c'est-à-dire que vous devez être prêt à faire des compromis sur certains points pour obtenir ce que vous voulez. Par exemple, si l'entreprise ne peut pas offrir un salaire plus élevé, elle peut offrir plus d'avantages ou d'opportunités d'évolution de carrière.

Négocier les salaires et les avantages sociaux nécessite de la préparation, de la recherche et de l'objectivité. Avec ces conseils à l'esprit, vous pouvez vous sentir plus confiant et en sécurité pendant l'entretien et parvenir à un accord mutuellement satisfaisant.

Comment trouver des moyens de gagner de l'argent supplémentaire pendant votre temps libre.

Si vous souhaitez gagner de l'argent supplémentaire pendant votre temps libre, de nombreuses options s'offrent à vous. Des emplois indépendants aux efforts créatifs, il existe une variété de façons de générer des revenus supplémentaires. Voici quelques idées pour vous aider à démarrer:

Travail en freelance : Si vous avez des compétences dans des domaines tels que l'écriture, le graphisme, la programmation, la traduction ou le montage vidéo, vous pouvez proposer vos services en tant que freelance sur des sites spécialisés tels que Upwork, Freelancer et Workana .

Vendre des produits faits à la main : Si vous êtes doué, vous pouvez vendre vos créations en ligne, sur les marchés locaux ou dans votre propre boutique en ligne. Vous pouvez fabriquer des bijoux, des objets de décoration, des vêtements, entre autres.

Location de propriété : Si vous possédez une propriété, vous pouvez la louer pour générer un revenu passif. Il existe plusieurs plateformes en ligne telles qu'Airbnb qui permettent de mettre en relation les propriétaires avec les touristes.

Vendre des produits sur Internet : Si vous aimez vendre des produits, vous pouvez créer une boutique virtuelle pour vendre des articles tels que des vêtements, des accessoires, des appareils électroniques, des articles de sport, entre autres.

Marketing d'affiliation : Vous pouvez promouvoir les produits d'autres personnes sur votre site Web ou votre blog et recevoir une commission lorsque quelqu'un effectue un achat via votre lien d'affiliation.

Vendre des photos : si vous aimez la photographie, vous pouvez vendre vos photos sur des sites comme Shutterstock , iStock et Getty Images .

Participation à des sondages en ligne : certaines entreprises paient les utilisateurs pour participer à des sondages en ligne. Des sites comme Toluna et Swagbucks offrent cette opportunité.

Cours privés : Si vous êtes un expert dans un domaine spécifique, comme les mathématiques, l'anglais ou la musique, vous pouvez proposer des cours privés à votre domicile ou en ligne.

Vente de biens d'occasion : Si vous avez des vêtements, des appareils électroniques ou des meubles en bon état que vous n'utilisez plus, vous pouvez les vendre en ligne sur des sites comme OLX ou dans des friperies locales.

Services de livraison : Vous pouvez travailler comme livreur pour des entreprises comme Uber Eats , Rappi ou iFood .

Ce ne sont là que quelques-unes des nombreuses façons de gagner de l'argent supplémentaire pendant votre temps libre. Assurez-vous de choisir une option qui correspond à votre profil et à vos compétences, et qui vous permette d'équilibrer votre temps avec d'autres responsabilités et engagements.

Comment créer une entreprise et devenir entrepreneur.

Si vous êtes un jeune diplômé universitaire, l'idée de devenir entrepreneur peut sembler un peu intimidante. Cependant, de nombreux jeunes choisissent de suivre cette voie et de créer leur propre entreprise. Si vous faites partie de ces jeunes, voici quelques conseils pour vous aider à démarrer :

Identifiez un besoin : Commencez par identifier un besoin ou un problème que vous pouvez résoudre avec votre produit ou service. Cela pourrait être quelque chose avec lequel vous avez déjà de l'expérience ou quelque chose qui vous passionne et que vous souhaitez explorer.

Étudiez le marché : effectuez des recherches pour mieux comprendre le marché et la concurrence. Cela vous aidera à déterminer s'il y a de la place pour votre entreprise et comment vous pouvez vous différencier.

Élaborez un plan d'affaires : Un plan d'affaires est essentiel à toute entreprise. Il vous aidera à élaborer votre idée, à définir votre stratégie et à tracer une feuille de route pour atteindre vos objectifs.

Recherchez des mentors : recherchez des mentors ou des personnes qui ont déjà de l'expérience dans le même secteur que vous. Ils peuvent fournir des conseils et des conseils précieux pour vous aider à éviter les erreurs courantes.

Commencez petit : Ne vous inquiétez pas de démarrer votre entreprise avec beaucoup de ressources ou des attentes élevées. Commencez avec un modèle commercial simple et testez vos idées avant d'investir plus de ressources.

Restez à jour : restez au courant des tendances du marché et de l'évolution des besoins des clients. Cela vous aidera à maintenir la compétitivité et la pertinence de votre entreprise.

Apprenez à relever les défis : Être entrepreneur est un défi constant. Préparez-vous à relever des défis et apprenez de vos erreurs. Ne vous découragez pas face aux obstacles, mais utilisez-les comme une opportunité de grandir et d'évoluer.

N'oubliez pas que le démarrage d'une entreprise peut être une aventure passionnante et enrichissante, mais cela demande beaucoup de travail et de dévouement. Avec les conseils ci-dessus, vous pouvez commencer votre parcours en tant qu'entrepreneur de manière solide et cohérente.

Comment créer un plan de retraite pour l'avenir.

Quand on pense à la retraite, il est courant d'imaginer une étape de la vie où l'on n'a plus besoin de travailler et où l'on peut profiter des fruits de notre travail au fil des ans. Cependant, pour de nombreuses personnes, la retraite peut être une période d'incertitude financière si elle n'est pas bien planifiée.

Par conséquent, la création d'un plan de retraite est essentielle pour assurer une vie confortable et financièrement stable à l'avenir. Voici quelques conseils pour commencer :

Établissez votre objectif de retraite : Avant de commencer à investir pour votre retraite, il est important de savoir de combien d'argent vous aurez besoin pour maintenir votre style de vie à la retraite. Estimez le coût de la vie et calculez combien d'argent vous devrez économiser.

Commencez à épargner tôt : Plus tôt vous commencez à épargner pour la retraite, plus vous avez de temps pour que votre argent fructifie et s'accumule. Commencez à investir régulièrement et adoptez un plan d'investissement diversifié.

Profitez d'un régime de retraite d'employeur : Si votre employeur offre un régime de retraite, comme le régime de retraite privé, profitez-en. Souvent, l'employeur contribue une partie de l'argent et l'investissement est fait automatiquement, ce qui peut aider à créer une épargne-retraite.

Envisagez d'autres options de placement pour la retraite : En plus des régimes de retraite privés, il existe d'autres options de placement pour la retraite, comme les fonds communs de placement et les actions. Il est important de se rappeler que tous les investissements comportent des risques et qu'il est important de connaître les options avant d'investir.

Restez à jour : Les lois et réglementations relatives aux pensions changent fréquemment. Il est important de se tenir au courant de ces changements et d'adapter votre plan de retraite en conséquence.

La création d'un plan de retraite peut sembler intimidante, mais c'est une étape importante pour assurer un avenir financièrement stable. Commencez à épargner tôt, profitez des avantages du régime de retraite d'employeur et envisagez d'autres options de placement. Tenez-vous à jour et ajustez votre plan en fonction de l'évolution du marché et de vos besoins financiers.

Les premiers pas vers l'indépendance financière.

La quête de l'indépendance financière est un objectif poursuivi par de nombreuses personnes, mais tout le monde ne sait pas par où commencer. Le processus peut sembler intimidant, mais en quelques étapes simples, vous pouvez faire vos premiers pas vers la liberté financière.

La première étape pour devenir financièrement indépendant est de définir vos objectifs financiers à long terme. Que souhaitez-vous réaliser financièrement dans les années à venir ? Cela pourrait inclure le remboursement de la dette, l'achat d'une propriété, la constitution d'un fonds d'urgence ou l'investissement pour la retraite. Il est important d'être clair sur vos objectifs pour pouvoir élaborer un plan d'action.

La deuxième étape consiste à prendre le contrôle de vos finances. Cela comprend le suivi de vos dépenses et l'identification des domaines où vous pouvez économiser. Réalisez une enquête sur toutes vos dépenses mensuelles et voyez où vous pouvez réduire les coûts. Il peut s'agir de quelque chose d'aussi simple que de réduire la fréquence à laquelle vous mangez au restaurant ou d'annuler les abonnements que vous n'utilisez plus.

La troisième étape consiste à établir un budget. Définissez combien vous pouvez dépenser dans chaque catégorie de dépenses et suivez strictement ce plan. Il est important de réserver une partie des revenus aux investissements ou à l'épargne.

La quatrième étape consiste à commencer à investir. Essayez de comprendre les différentes options d'investissement disponibles et choisissez celle qui correspond le mieux à vos objectifs et à votre profil de risque. Pensez à diversifier vos placements, cela permet de réduire les risques et d'augmenter les gains.

La cinquième étape consiste à maintenir une discipline financière et à vous concentrer sur vos objectifs. Cela signifie éviter les dépenses inutiles, garder vos finances en ordre et continuer à investir dans votre éducation financière. Au fil du temps, vos efforts d'épargne et d'investissement commenceront à s'additionner, vous permettant d'atteindre l'indépendance financière et la liberté de faire des choix financiers plus conscients et plus sûrs.

N'oubliez pas que le processus pour devenir financièrement indépendant est un voyage, pas une course. Cela demande du temps et des efforts, mais il est possible d'atteindre ses objectifs financiers avec patience, discipline et persévérance.

Comment se fixer des objectifs financiers réalistes et atteignables.

L'établissement d'objectifs financiers est un élément essentiel de la gestion des finances personnelles. Sans objectifs clairs, il est facile de se perdre en cours de route et de dépenser de l'argent inutilement. Cependant, il est important de se fixer des objectifs réalistes et réalisables pour éviter de se sentir découragé ou frustré.

La première étape dans l'établissement d'objectifs financiers consiste à identifier ce qui est important pour vous et quelles sont vos priorités. Certaines personnes voudront peut-être économiser de l'argent pour un voyage, tandis que d'autres voudront peut-être épargner pour devenir propriétaire ou pour leur retraite. Quel que soit l'objectif, il est important que vous vous fixiez des objectifs spécifiques et mesurables.

Une fois que vous avez identifié vos objectifs, il est important de créer un plan d'action pour les atteindre. Cela peut inclure la création d'un budget, la réduction des dépenses inutiles et l'examen des moyens de gagner de l'argent supplémentaire. Cela peut également inclure la fixation de délais réalistes pour vos objectifs, en fonction de vos ressources financières actuelles.

De plus, il est important de faire preuve de souplesse et d'adapter vos plans à l'évolution de votre situation financière. Si vous constatez que vos objectifs deviennent inaccessibles, vous devrez peut-être les ajuster ou reporter leur réalisation.

N'oubliez pas que l'atteinte de vos objectifs financiers peut demander du temps et des efforts, mais les résultats en valent la peine. En fixant des objectifs réalistes et réalisables et en créant un plan d'action pour les atteindre, vous serez sur la bonne voie vers une vie financière plus sûre et plus stable.

Conseils pour gérer vos dépenses et contrôler votre budget.

Gérer vos dépenses et contrôler votre budget est une compétence importante pour avoir une vie financière saine. Avec quelques conseils simples, vous pouvez commencer à gérer vos finances plus efficacement et à éviter les dettes inutiles.

La première étape dans la gestion de vos dépenses consiste à avoir une idée précise de la somme d'argent dont vous disposez chaque mois. Commencez par enregistrer toutes vos sources de revenus et de dépenses dans un tableur. Cela vous permettra de visualiser où va votre argent et d'identifier les domaines où vous pouvez économiser.

Une fois que vous avez une idée précise de vos revenus et de vos dépenses, il est temps de créer un budget. Cela implique de fixer des objectifs pour vos dépenses mensuelles dans diverses catégories, telles que le logement, le transport, la nourriture et les divertissements. Assurez-vous que vos objectifs sont réalistes et reflètent vos valeurs et priorités personnelles.

Une fois que vous avez un budget, il est important de suivre vos dépenses pour vous assurer que vous respectez vos objectifs mensuels. Il existe de nombreuses applications de finances personnelles qui peuvent vous aider à suivre vos dépenses en temps réel et même vous envoyer des notifications lorsque vous approchez de vos limites.

Un autre conseil important pour gérer vos dépenses est de réduire les dépenses inutiles. Cela pourrait impliquer de réduire vos dépenses de divertissement, de réduire votre utilisation des cartes de crédit ou de réduire les services d'abonnement que vous n'utilisez pas régulièrement. Profitez des occasions d'économiser sur la nourriture en choisissant des options plus économiques au supermarché, en préparant des repas à la maison et en évitant de manger régulièrement au restaurant.

Enfin, il est important d'avoir un plan en place pour économiser de l'argent en cas d'urgence et d'objectifs à long terme comme posséder une maison ou une retraite confortable. Assurez-vous d'inclure un montant fixe dans votre budget d'épargne et travaillez à l'augmenter au fil du temps.

La gestion de vos dépenses et le contrôle de votre budget sont essentiels à une vie financière saine. Avec un peu de planification et de discipline, vous pouvez vous fixer des objectifs réalistes, réduire les dépenses inutiles et économiser de l'argent pour l'avenir.

Comment trouver les meilleures offres sur les services financiers comme l'assurance automobile et l'assurance maladie.

Trouver les meilleures offres sur les services financiers peut être difficile, mais avec un peu de recherche et de patience, vous pouvez économiser beaucoup d'argent. Certains des domaines les plus importants à considérer sont l'assurance automobile, la santé et les comptes bancaires. Voici quelques conseils pour trouver les meilleures offres dans chacun de ces domaines :

Assurance automobile : La meilleure façon de trouver une bonne affaire sur l'assurance automobile est de magasiner et de comparer les devis de différentes compagnies d'assurance. Assurez-vous de comparer les protections et les franchises offertes, ainsi que les taux de prime. Envisagez également d'ajuster votre régime d'assurance pour réduire les coûts, par exemple en augmentant votre franchise ou en optant pour une couverture de responsabilité inférieure.

Santé : Si vous recherchez un plan de santé plus abordable, considérez les options disponibles sur le marché. Vous pouvez opter pour un plan de santé partagé, qui peut fournir une couverture plus abordable pour vous et votre famille.

Comptes bancaires : Vérifiez les taux d'intérêt et les frais de maintenance sur divers comptes bancaires pour trouver la meilleure offre. Envisagez également d'utiliser un compte numérique, qui peut offrir des frais moins élevés, voire aucun frais. Assurez-vous également de consulter les promotions sur les nouveaux comptes que les banques peuvent proposer, telles que les bonus en espèces ou les frais réduits pendant une période déterminée.

Dans tous les domaines, il est important de lire les petits caractères et de vérifier les coûts cachés. Assurez-vous également que le plan que vous choisissez répond à vos besoins spécifiques. Avec un peu d'effort et de recherche, vous pouvez économiser beaucoup d'argent sur les principaux services financiers.

Comment économiser de l'argent lors de l'achat de produits d'épicerie et d'autres nécessités.

Économiser de l'argent lors de l'épicerie et d'autres nécessités est une tâche importante pour garder vos finances personnelles sous contrôle. Voici quelques conseils qui peuvent vous aider à économiser de l'argent lors de vos achats.

Faites une liste de courses : Avant d'aller au supermarché, faites une liste de tout ce dont vous avez besoin. Cela permet d'éviter des achats inutiles et évite des dépenses supplémentaires.

Achetez des aliments de saison : Les aliments de saison ont tendance à être moins chers et plus frais. De plus, vous pouvez profiter des promotions saisonnières.

Recherchez des réductions : consultez les brochures de vente des supermarchés et utilisez des coupons pour profiter des réductions sur les aliments et autres produits.

Achetez en gros : L'achat d'articles en gros, comme le riz, les pâtes et les haricots, peut être plus rentable à long terme.

Évitez les achats impulsifs : Les achats impulsifs peuvent augmenter vos dépenses. Si vous voyez quelque chose que vous voulez acheter, ajoutez-le à votre liste de souhaits et attendez jusqu'à ce que vous puissiez vous le permettre.

Achetez en gros : L'achat de produits en gros peut être un bon moyen d'économiser de l'argent, mais assurez-vous d'avoir vraiment besoin de la quantité que vous achetez.

N'allez pas au supermarché en étant affamé : Faire vos courses en ayant faim peut vous amener à acheter des aliments inutiles et plus chers.

Évitez le gaspillage alimentaire : Planifiez vos repas à l'avance et utilisez les restes des repas précédents pour éviter le gaspillage alimentaire.

Achetez des marques génériques : Les marques génériques sont généralement moins chères et souvent aussi bonnes que les marques renommées.

Utilisez des cartes de fidélité : De nombreux supermarchés proposent des cartes de fidélité qui vous permettent d'accumuler des points pouvant être échangés contre des réductions ou d'autres avantages.

En suivant ces conseils simples, vous pouvez économiser de l'argent lors de vos achats d'épicerie et d'autres nécessités, ce qui peut vous aider à garder vos finances personnelles en ordre. Rappelez-vous toujours de planifier vos achats à l'avance et d'éviter les achats impulsifs pour garder vos finances en bonne santé.

L'importance de tenir des registres financiers exacts et à jour.

La tenue de dossiers financiers exacts et à jour est essentielle pour garder vos finances personnelles en ordre. Cela implique de suivre vos dépenses, vos revenus, vos dettes et vos investissements. Avoir un dossier clair et organisé de vos finances peut vous aider à prendre des décisions plus éclairées sur la façon de dépenser votre argent et où l'investir.

Il existe de nombreuses façons de tenir des registres financiers exacts et à jour. Une option consiste à utiliser une application de finances personnelles pour enregistrer vos transactions et les classer automatiquement. Ces applications peuvent vous aider à visualiser vos dépenses et vos revenus de manière claire et concise, vous permettant d'identifier les domaines dans lesquels vous pouvez économiser de l'argent ou investir davantage.

Une autre option consiste à tenir un registre manuel de vos finances. Cela peut être fait avec un cahier ou une feuille de calcul, où vous notez toutes les transactions et les classez manuellement. Bien que cette approche puisse prendre plus de temps, elle peut être utile pour ceux qui préfèrent une approche plus pratique et personnalisée.

Quelle que soit la méthode que vous choisissez, il est important de tenir à jour vos dossiers financiers. Cela implique de surveiller régulièrement vos dépenses et vos revenus et de vous assurer que toutes les transactions sont enregistrées avec précision. De plus, il est important de revoir périodiquement vos dossiers pour vous assurer que vos finances sont sur la bonne voie.

Tenir des registres financiers exacts et à jour peut être un processus difficile, mais c'est une étape importante vers la stabilité financière et la tranquillité d'esprit. En comprenant comment vous dépensez votre argent et où se trouvent vos placements, vous pouvez prendre des décisions plus éclairées et améliorer votre situation financière à long terme.

Comment créer un fonds d'urgence pour se préparer aux imprévus financiers.

La création d'un fonds d'urgence est l'une des mesures les plus importantes que vous puissiez prendre pour protéger votre vie financière. Avoir un fonds d'urgence adéquat peut aider à couvrir les dépenses imprévues telles que les réparations de voiture, les frais médicaux, la perte d'emploi ou d'autres urgences financières.

Pour commencer à constituer un fonds d'urgence, vous devez définir combien d'argent vous souhaitez économiser et combien de temps vous souhaitez atteindre cet objectif. Une bonne règle de base est d'économiser suffisamment pour couvrir trois à six mois de dépenses essentielles. Cela comprend le logement, la nourriture, le transport et d'autres coûts essentiels.

Pour contrôler vos dépenses et économiser de l'argent pour votre fonds d'urgence, il est important de créer un budget réaliste et de s'y tenir. Commencez par enregistrer toutes vos dépenses, y compris les petits achats, pour avoir une idée claire de l'endroit où votre argent est dépensé. Ensuite, analysez vos dépenses et trouvez les domaines dans lesquels vous pouvez réduire vos dépenses. Cela peut inclure des choses comme manger moins souvent au restaurant, annuler des abonnements à des services que vous n'utilisez pas souvent et opter pour des marques moins chères.

Pour booster votre épargne, envisagez des formes de revenus complémentaires comme le travail en freelance ou l'intérim. L'argent supplémentaire que vous gagnez peut être dirigé vers le fonds d'urgence.

N'oubliez pas que la création d'un fonds d'urgence n'est pas une tâche facile et peut prendre du temps et des sacrifices. Mais en cherchant à augmenter votre épargne et à contrôler vos dépenses, vous franchirez des étapes importantes vers votre indépendance financière et assurerez votre tranquillité d'esprit financière à l'avenir.

L'importance de comprendre votre pointage de crédit et comment l'améliorer.

Connaître votre pointage de crédit et travailler à l'améliorer peut être l'une des choses les plus importantes que vous puissiez faire pour votre santé financière. Le pointage de crédit est une mesure de la façon dont vous gérez vos finances et de la confiance que vous accordez à vos créanciers. Avoir une bonne cote de crédit peut vous aider à obtenir des prêts avec des taux d'intérêt plus bas et de meilleures conditions de paiement, tandis qu'une cote de crédit faible peut rendre plus difficile l'obtention d'un crédit et peut entraîner des taux d'intérêt plus élevés et moins d'occasions d'emprunter.

Il y a plusieurs choses que vous pouvez faire pour améliorer votre pointage de crédit. Tout d'abord, il est important de savoir ce qui affecte votre pointage de crédit. Si vous avez des dettes en retard, des paiements manqués ou une grande quantité de dettes impayées, cela peut affecter négativement votre pointage de crédit. Vérifiez votre dossier de crédit pour voir où vous en êtes par rapport à ces facteurs.

L'une des choses les plus importantes que vous puissiez faire pour améliorer votre pointage de crédit est de rembourser vos dettes en temps opportun. Si vous avez des dettes en retard ou des retards de paiement, efforcez-vous de rattraper vos factures le plus rapidement possible. Si vous avez du mal à rembourser vos dettes, contactez vos créanciers et voyez si vous pouvez négocier un plan de paiement qui vous convient le mieux.

Essayez également de maintenir le solde de vos cartes de crédit à un niveau bas par rapport à votre limite de crédit. Cela peut aider à améliorer votre pointage de crédit et montrer aux créanciers que vous êtes responsable de votre argent. Essayez également d'éviter d'ouvrir trop de comptes de crédit en même temps, car cela peut affecter négativement votre pointage de crédit.

Enfin, assurez-vous de surveiller régulièrement votre pointage de crédit et de travailler pour l'améliorer au fil du temps. Même de petits changements à votre pointage de crédit peuvent faire une grande différence à long terme, il est donc important d'en être conscient et de travailler continuellement pour l'améliorer. Avec quelques conseils et habitudes sains en matière de finances personnelles, vous pouvez améliorer votre pointage de crédit et augmenter vos chances de réussite financière à long terme.

Les risques de contracter une dette de carte de crédit et comment les éviter.

La carte de crédit peut être une grande alliée dans la vie financière, mais il faut faire attention à ne pas s'endetter qui pourrait nuire à votre situation financière. L'accumulation de dettes de carte de crédit peut être un gros risque, car des taux d'intérêt élevés peuvent entraîner une dette qui augmente rapidement et peut prendre des années à être remboursée.

Pour éviter ces risques, il est important de contrôler vos dépenses et de fixer une limite maximale aux dépenses de carte de crédit. Il est essentiel que vous ayez une vision claire de vos finances, évitant ainsi des dépenses inutiles et incontrôlées. Gardez un budget, fixez des limites pour chaque catégorie de dépenses et suivez ces dépenses pour savoir exactement combien d'argent est dépensé sur votre carte de crédit.

Une autre stratégie importante consiste à payer votre facture de carte de crédit en entier dans la mesure du possible, en évitant les frais d'intérêt. Si vous ne pouvez pas payer l'intégralité de la facture, vous devez toujours payer plus que le minimum, afin d'éviter que la dette ne s'alourdisse encore.

Pour éviter les dettes de carte de crédit, il est également important de ne pas utiliser votre carte comme source de financement. La carte de crédit n'est pas un moyen d'obtenir des prêts, mais un outil de commodité pour des achats à régler plus tard. N'utilisez votre carte de crédit que pour les achats que vous pouvez régler sur la facture du mois suivant.

Lorsque vous utilisez la carte de crédit, n'oubliez pas de vérifier les frais et charges applicables, tels que les intérêts et les frais annuels. Comparez les différentes cartes de crédit disponibles et choisissez celle qui correspond le mieux à vos besoins et à votre budget.

Il est important d'être prudent lorsque vous utilisez votre carte de crédit pour éviter les dettes inutiles et les pertes financières. Tenez un budget, suivez vos dépenses, payez votre facture en totalité dans la mesure du possible, évitez d'utiliser votre carte comme source d'approvisionnement et vérifiez les frais et charges applicables. Grâce à ces mesures, vous pouvez éviter les risques et profiter des avantages de votre carte de crédit de manière plus consciente et plus sûre.

Les risques des prêts personnels et comment les éviter.

Les prêts personnels peuvent être une option tentante pour ceux qui ont besoin de liquidités supplémentaires rapidement, mais il est important d'être conscient des risques associés à ce type de prêt. Les prêts personnels ont souvent des taux d'intérêt plus élevés que les autres types de prêts, ce qui peut entraîner des mensualités plus élevées et des coûts totaux plus élevés au fil du temps.

De plus, les prêts personnels sont généralement offerts sans garantie, ce qui signifie que vous n'avez pas besoin de fournir de garantie, comme une maison ou une voiture, pour obtenir le prêt. Cela peut les rendre plus faciles à obtenir, mais cela signifie également que le prêteur prend un risque plus élevé, ce qui peut entraîner des taux d'intérêt plus élevés pour compenser ce risque.

Pour éviter les risques associés aux prêts personnels, il est important de faire vos recherches et de choisir avec soin un prêteur fiable offrant des taux d'intérêt raisonnables. Assurez-vous de lire attentivement les termes et conditions du prêt avant de signer quoi que ce soit, y compris les taux d'intérêt, les frais de montage et les frais de retard. Assurez-vous également que vous pouvez rembourser le prêt dans les délais convenus pour éviter les paiements en retard ou manqués qui pourraient affecter négativement votre pointage de crédit et entraîner des frais supplémentaires.

Une autre façon d'éviter les risques associés aux prêts personnels consiste à envisager d'autres options de financement telles que les prêts garantis, comme un prêt automobile garanti ou un prêt immobilier garanti. Ces types de prêts ont généralement des taux d'intérêt plus bas, car la garantie réduit le risque pour le prêteur. De plus, il est important d'avoir un budget solide et de planifier à l'avance pour éviter d'avoir besoin de prêts personnels d'urgence.

Les prêts personnels peuvent être une option pratique pour ceux qui ont besoin d'argent supplémentaire, mais il est important d'être conscient des risques et de choisir avec soin un prêteur fiable avec des taux d'intérêt raisonnables. Envisagez d'autres options de financement et planifiez à l'avance pour éviter d'avoir besoin de prêts personnels d'urgence.

Comment faire face à la pression sociale pour dépenser de l'argent sur des choses chères.

La pression sociale pour dépenser de l'argent dans des choses chères est courante, en particulier sur les réseaux sociaux, où de nombreuses personnes partagent leur vie apparemment parfaite et luxueuse. Cependant, cette pression peut entraîner de graves problèmes financiers si vous ne savez pas comment y faire face.

Voici quelques conseils utiles pour vous aider à faire face à la pression sociale et à garder vos finances en ordre :

Établissez vos propres priorités financières : Avant de céder à la pression sociale, établissez vos propres priorités financières et concentrez-vous sur ce qui est important pour vous. Décidez où vous voulez investir votre argent et évitez de le dépenser pour des choses inutiles.

Évitez les comparaisons : Il est facile de se comparer aux autres, mais cela ne fait qu'ajouter à la pression et au stress financier. N'oubliez pas que chaque personne a sa propre situation financière et qu'il n'est pas juste de les comparer.

Comprenez le véritable coût : lorsque vous voyez d'autres personnes dépenser beaucoup d'argent pour quelque chose, il est important de se rappeler qu'il ne s'agit que du coût apparent. Il existe de nombreux autres coûts cachés qui peuvent affecter vos finances tels que l'entretien, les taxes et autres dépenses connexes.

Apprenez à dire non : Si vous ne pouvez pas vous permettre quelque chose ou si vous pensez que cela n'en vaut pas la peine, apprenez à dire non. Vos amis et votre famille doivent respecter votre décision.

Trouvez d'autres moyens de vous amuser : au lieu de dépenser de l'argent pour des activités coûteuses, trouvez d'autres moyens de vous amuser, comme faire un pique-nique, jouer à des jeux de société ou faire des promenades.

Créez un budget réaliste : Un budget réaliste peut vous aider à éviter des dépenses inutiles et à contrôler vos finances. Assurez-vous d'inclure les dépenses fixes et variables et de réserver un montant pour les économies et les urgences.

Faire face à la pression sociale pour dépenser de l'argent peut être difficile, mais avec les bonnes stratégies, vous pouvez garder vos finances en bonne santé et vivre une vie financière heureuse et équilibrée. N'oubliez pas que vos finances sont importantes et que la façon dont vous les utilisez dépend de vous.

Conseils pour économiser de l'argent sur les divertissements comme les films et les concerts.

Sortir pour s'amuser peut être un excellent moyen de se détendre et de passer du temps avec ses amis et sa famille, mais cela peut souvent coûter cher. Cependant, il existe des moyens d'économiser de l'argent sur les divertissements comme les films et les concerts sans sacrifier le plaisir. Voici quelques conseils:

Recherchez des offres : les cinémas et les salles de concert proposent souvent des réductions certains jours de la semaine ou pour les étudiants et les personnes âgées. Recherchez ces offres et économisez de l'argent à l'entrée.

Tenez compte de l'heure de la journée : certains théâtres et spectacles proposent des prix plus bas pour les spectacles du matin ou de la semaine lorsque la demande est moindre. Cela peut être un excellent moyen d'économiser de l'argent sur le divertissement.

Consultez les sites Web de réductions : sites Web qui offrent des réductions sur divers événements et activités, y compris des billets de concert et de cinéma. Consultez régulièrement ces sites pour trouver des offres susceptibles de vous intéresser.

Achetez des billets de groupe : L'achat de billets en groupe peut entraîner des réductions, alors rassemblez vos amis et votre famille et profitez de tarifs réduits.

Envisagez des alternatives : au lieu d'aller au cinéma, envisagez de louer un film ou de regarder une émission de télévision à la maison. Vous pouvez économiser beaucoup d'argent de cette façon, et vous avez la commodité de regarder dans le confort de votre propre maison.

Apportez votre propre nourriture : Certains théâtres vous permettent d'apporter votre propre nourriture et vos boissons. Cela peut vous faire économiser beaucoup d'argent, car la nourriture et les boissons vendues dans les théâtres ont tendance à être très chères.

Gardez un œil sur les concerts gratuits : de nombreuses villes organisent des événements gratuits comme des concerts en plein air et des festivals culturels.

Ces événements peuvent être un excellent moyen d'économiser de l'argent sur les divertissements.

des applications de remise en argent : Certaines applications, comme Méliuz , offrent une remise en argent sur les achats en ligne et en personne, y compris les billets de cinéma et de concert. Utilisez ces applications pour économiser de l'argent sur vos activités de divertissement.

Économiser de l'argent sur les divertissements peut être un défi, mais avec ces conseils, vous pouvez profiter de votre temps libre sans sacrifier votre budget. N'oubliez pas de rechercher et de rechercher des options moins chères avant de décider de dépenser de l'argent pour vous amuser.

Conseils pour économiser de l'argent sur les services d'abonnement comme Netflix et Spotify .

Avec la popularité croissante des services d'abonnement, il peut être difficile de résister à la tentation de s'inscrire à plusieurs d'entre eux. Cependant, ces abonnements peuvent rapidement s'additionner et devenir une dépense importante dans votre budget. Heureusement, il existe des moyens d'économiser de l'argent sur les services d'abonnement sans sacrifier le divertissement qu'ils offrent. Voici quelques conseils pour vous aider à économiser sur les services d'abonnement.

Choisis sagement

Avant de vous inscrire à un service d'abonnement, assurez-vous qu'il correspond vraiment à vos besoins et que vous l'utiliserez souvent. Demandez-vous s'il s'agit de quelque chose que vous pouvez partager avec d'autres, comme vos amis ou votre famille, pour partager le coût.

chercher des remises

De nombreux services d'abonnement offrent des réductions aux étudiants, aux militaires ou à ceux qui s'inscrivent pour une période plus longue, comme une année entière. Recherchez ces réductions et profitez-en pour économiser de l'argent.

Négociez votre abonnement

De nombreux services d'abonnement sont prêts à négocier les prix avec leurs clients fidèles. Contactez l'entreprise et demandez s'ils ont des réductions ou des promotions disponibles pour vous.

utiliser des cartes-cadeaux

Si vous souhaitez suivre le montant que vous dépensez pour les services d'abonnement, envisagez d'utiliser des cartes-cadeaux au lieu d'un abonnement récurrent. De cette façon, vous pouvez définir une limite de dépenses et ne pas vous soucier d'oublier de vous désinscrire lorsque vous ne l'utilisez plus.

Vérifiez régulièrement vos abonnements

Passez en revue vos abonnements régulièrement pour vous assurer que vous utilisez et profitez toujours de chacun. S'il y a des services que vous n'utilisez plus, annulez-les pour économiser de l'argent.

Partagez avec vos amis ou votre famille

Si vous connaissez des amis ou de la famille qui utilisent également le même service d'abonnement, envisagez de partager le compte avec eux pour partager le coût. De nombreux services de streaming, par exemple, vous permettent de créer des profils différents pour chaque utilisateur.

Économiser de l'argent sur les services d'abonnement demande un peu de planification et d'efforts, mais cela peut représenter de grosses économies au fil du temps. Assurez-vous de choisir judicieusement, recherchez des remises, négociez votre abonnement, utilisez des cartes-cadeaux, révisez régulièrement vos abonnements et partagez-les avec vos amis ou votre famille chaque fois que possible. Grâce à ces conseils, vous pouvez profiter de tous les avantages des services d'abonnement sans dépenser plus que nécessaire.

Conseils pour économiser de l'argent sur les voyages et l'hébergement.

Voyager est l'un des meilleurs moyens d'enrichir votre vie d'expériences culturelles et de plaisir, mais cela peut coûter cher. Heureusement, il existe de nombreuses façons d'économiser de l'argent sur les voyages et l'hébergement sans sacrifier la qualité de votre expérience. Voici quelques conseils pour vous aider à économiser de l'argent sur vos voyages :

Planifiez à l'avance : Plus tôt vous commencez à planifier votre voyage, plus vous avez de temps pour trouver les meilleures offres sur les billets d'avion, les hôtels et les visites touristiques.

Soyez flexible avec les dates : Les dates les plus populaires sont généralement plus chères, donc si vous avez une certaine flexibilité, essayez de voyager les jours moins occupés.

Envisagez un logement alternatif : Plutôt que de séjourner dans un hôtel, pensez à louer un appartement ou une maison de vacances via des sites comme Airbnb , qui proposent souvent des tarifs plus abordables.

Utilisez des miles et des points : De nombreuses cartes de crédit offrent des programmes de récompenses qui vous permettent d'accumuler des miles et des points à utiliser pour voyager. Assurez-vous de vérifier si votre carte de crédit offre ce type de programme.

Recherchez des options de transport : au lieu de toujours utiliser des taxis ou de louer une voiture, envisagez d'utiliser les transports en commun ou des applications de transport telles que Uber ou Lyft, qui peuvent être moins chères.

Achetez vos billets à l'avance : Si vous prévoyez de visiter des attractions touristiques populaires, achetez vos billets à l'avance en ligne pour économiser de l'argent et éviter les files d'attente.

Mangez comme un local : Au lieu de toujours manger dans des restaurants touristiques, essayez de manger dans des restaurants locaux ou d'acheter de la nourriture dans les supermarchés locaux. En plus d'économiser de l'argent, vous vivrez une expérience plus authentique de la culture locale.

Utilisez des coupons de réduction : Avant de partir en voyage, effectuez une recherche en ligne pour trouver des coupons de réduction pour les restaurants, les attractions et les transports.

En suivant ces conseils, vous pouvez économiser de l'argent sur les voyages et l'hébergement et tirer le meilleur parti de vos expériences de voyage. Rappelez-vous toujours de planifier à l'avance, de rechercher des options alternatives et d'être flexible avec vos dates et détails de voyage.

Comment choisir la meilleure carte de crédit pour vos besoins.

Choisir la meilleure carte de crédit pour vos besoins peut être une tâche difficile. Il existe de nombreux types de cartes de crédit disponibles, chacune avec ses propres avantages et inconvénients. Pour vous aider à prendre la meilleure décision, voici quelques conseils pour choisir la meilleure carte de crédit pour vous :

Tenez compte de vos besoins en matière de dépenses : Avant de choisir une carte de crédit, évaluez vos habitudes de dépenses. Si vous dépensez beaucoup d'argent en voyages, il peut être intéressant de choisir une carte qui offre des miles aériens ou des points de récompense. Si vous êtes un gros acheteur en ligne, vous voudrez peut-être une carte qui offre des réductions sur les achats en ligne. Tenez compte de vos besoins et choisissez une carte qui répond à vos exigences.

Vérifiez les taux d'intérêt : Les taux d'intérêt peuvent varier d'une carte à l'autre, il est donc important de vérifier avant de faire un choix. Si vous prévoyez de rembourser le solde de votre carte chaque mois, le taux d'intérêt pourrait ne pas être une si grande préoccupation. Toutefois, si vous prévoyez conserver un solde, assurez-vous de choisir une carte à faible taux d'intérêt.

Vérifiez les frais annuels : De nombreuses cartes de crédit ont des frais annuels que vous devez payer pour les conserver. Assurez-vous de bien comprendre ces frais et déterminez si les avantages de la carte l'emportent sur le coût annuel. Si vous recherchez une carte sans frais annuels, de nombreuses options sont disponibles sur le marché.

Vérifiez les avantages supplémentaires : certaines cartes de crédit offrent des avantages supplémentaires tels qu'une assurance voyage, une protection des achats et une remise en argent. Assurez-vous de vérifier quels avantages sont offerts avec chaque carte et choisissez-en une qui offre des avantages supplémentaires qui sont importants pour vous.

Vérifiez les politiques de récompenses : si vous choisissez une carte de crédit en fonction de ses récompenses, assurez-vous de bien comprendre les politiques de récompenses. Certaines cartes de crédit ont des politiques compliquées en matière de points ou de miles aériens, tandis que d'autres sont plus faciles à comprendre. Assurez-vous de comprendre comment vous pouvez gagner des récompenses et comment vous pouvez les utiliser.

Choisir la meilleure carte de crédit pour vos besoins est une question de compréhension de vos propres besoins et de comparaison des options disponibles. Avec un peu de recherche et d'évaluation, vous pouvez trouver une carte de crédit qui répond à vos besoins et vous aide à gérer efficacement vos finances.

Comment éviter la fraude financière et protéger vos informations personnelles.

De nos jours, il est plus important que jamais de protéger vos informations financières et personnelles. Avec l'essor de la technologie et des transactions en ligne, la possibilité de fraude et de vol d'identité a considérablement augmenté. Il est important d'être conscient des risques et de prendre des mesures préventives pour protéger votre sécurité financière.

Voici quelques conseils pour éviter la fraude financière et protéger vos informations personnelles :

Ne partagez pas d'informations personnelles avec des inconnus : ne partagez jamais votre numéro de sécurité sociale, vos informations bancaires ou vos numéros de carte de crédit avec des inconnus, surtout si vous n'êtes pas à l'origine de la conversation.

Vérifiez fréquemment vos comptes : Vérifiez régulièrement vos comptes pour vous assurer que toutes les transactions sont légitimes. Si vous remarquez une activité suspecte, informez-en immédiatement votre institution financière.

Utilisez des mots de passe forts : Utilisez des mots de passe forts et différents pour chaque compte. Évitez les mots de passe évidents comme les dates de naissance ou les noms de famille.

Utilisez une protection antivirus : installez une protection antivirus et un logiciel de sécurité sur tous vos appareils. Tenez-les à jour pour assurer la protection la plus récente.

Méfiez-vous des escroqueries par e-mail : ne répondez jamais aux e-mails demandant des informations personnelles ou financières. Ne cliquez pas sur des liens suspects et ne téléchargez pas de pièces jointes provenant d'expéditeurs inconnus.

Utilisez des réseaux Wi-Fi sécurisés : évitez d'utiliser des réseaux Wi-Fi publics pour effectuer des transactions financières ou partager des informations personnelles. Utilisez des réseaux Wi-Fi sécurisés ou des connexions mobiles pour assurer la sécurité.

Tenez à jour vos informations personnelles : examinez régulièrement vos informations personnelles et financières et mettez-les à jour si nécessaire. Cela inclut vos adresses, numéros de téléphone et adresses e-mail.

Soyez prudent lorsque vous magasinez en ligne : n'achetez que sur des sites sûrs et fiables. Assurez-vous que le site a une icône de verrouillage dans la barre d'adresse et qu'il commence par "https".

Méfiez-vous des appareils d'écrémage : les appareils d'écrémage sont utilisés pour voler des informations de carte de crédit ou de débit. Vérifiez régulièrement les distributeurs de cartes dans les guichets automatiques et les stations-service pour détecter tout signe d'effraction.

Renseignez-vous sur les escroqueries financières : Tenez-vous au courant des escroqueries financières les plus courantes et apprenez comment les éviter. Méfiez-vous des escroqueries par téléphone, des faux e-mails d'entreprise, du phishing et des autres tactiques utilisées par les escrocs.

La protection de vos renseignements financiers et personnels est cruciale pour assurer votre sécurité financière. En suivant ces conseils, vous pouvez aider à prévenir la fraude financière et protéger vos informations. N'oubliez pas qu'il vaut mieux prévenir que guérir, alors restez toujours vigilant et prenez des mesures préventives pour protéger vos informations personnelles.

Les avantages et les défis de vivre seul après l'obtention du diplôme.

Vivre seul est l'une des plus grandes réussites de nombreux jeunes diplômés. C'est une opportunité pour plus d'indépendance et de responsabilité, mais cela vient aussi avec ses propres défis, notamment financiers.

La première étape consiste à établir un budget réaliste. Vous devrez tenir compte du coût de la vie, y compris le loyer, les services publics, la nourriture et les autres dépenses. Assurez-vous d'inclure un montant pour les dépenses d'urgence telles que les réparations domiciliaires ou les frais médicaux imprévus.

Une fois que vous avez établi votre budget, il est temps de commencer à suivre vos dépenses. Garder une trace de vos dépenses quotidiennes peut être fastidieux, mais il est essentiel de vous assurer que vous vivez selon vos moyens. Une façon de le faire est d'utiliser une application financière, qui vous aidera à catégoriser vos dépenses et à surveiller vos dépenses.

De plus, vous devrez tenir compte de vos objectifs financiers à long terme, comme épargner pour une maison, une voiture ou un voyage. Commencez par vous fixer des objectifs financiers réalistes et efforcez-vous de les atteindre. Cela peut impliquer d'économiser une somme d'argent spécifique chaque mois, d'investir dans des actions ou des fonds communs de placement, ou de rechercher d'autres moyens d'augmenter vos revenus.

Cependant, il est important de se rappeler que vivre seul n'est pas la seule option disponible. Partager un appartement avec des amis ou en famille peut être une option plus abordable, et vous pouvez économiser de l'argent en fractionnant les factures de loyer, les services publics et les autres coûts.

Vivre seul après l'obtention du diplôme peut être excitant, mais cela peut aussi être financièrement difficile. Avec une planification minutieuse, un suivi des dépenses et des objectifs financiers réalistes, vous pouvez atteindre l'indépendance financière et tirer le meilleur parti de cette nouvelle phase de la vie.

Les avantages et les inconvénients de vivre à la maison avec ses parents après l'obtention du diplôme.

Vivre avec ses parents après l'obtention du diplôme est une option que beaucoup de jeunes envisagent. Il y a des avantages et des inconvénients à cette décision et il est important de bien peser les options avant de prendre une décision.

L'un des principaux avantages de vivre avec ses parents après l'obtention du diplôme est l'économie d'argent. Si vous n'avez pas à payer de loyer ou de factures de services publics, vous pouvez économiser beaucoup d'argent. Cela peut vous aider à économiser pour l'achat d'une maison, d'une voiture ou pour rembourser une dette.

Vivre avec ses parents peut aussi être l'occasion de renforcer les liens familiaux. Lorsque vous vivez à la maison, vous avez plus de temps à passer avec vos parents et vous pouvez participer aux tâches ménagères comme la cuisine et le ménage. De plus, de nombreux parents apprécient que leurs enfants soient à la maison après l'obtention de leur diplôme, ce qui peut améliorer les relations familiales.

Cependant, vivre avec ses parents peut avoir des inconvénients. L'un des principaux défis est le manque d'indépendance et d'intimité. Lorsque vous vivez avec vos parents, vous avez probablement moins de liberté pour faire ce que vous voulez, car vous devrez toujours suivre les règles de la maison de vos parents. De plus, il peut être difficile de se sentir indépendant et adulte lorsque vous vivez encore avec vos parents.

Un autre inconvénient de vivre avec ses parents est que cela peut limiter vos possibilités de socialiser et de nouer des liens avec d'autres personnes de votre âge. Si vos amis vivent ailleurs ou ne sont pas à l'aise de vous rendre visite à la maison, il peut être difficile de maintenir des relations sociales.

En résumé, vivre avec ses parents après l'obtention du diplôme peut être une option viable pour économiser de l'argent et renforcer les liens familiaux. Cependant, il peut avoir des inconvénients en matière d'indépendance, d'intimité et de socialisation. Il appartient à chacun d'évaluer ces facteurs et de prendre une décision éclairée.

Comment équilibrer vos priorités financières à court et à long terme.

Lorsqu'il s'agit de gérer vos finances personnelles, il peut être difficile d'équilibrer vos priorités à court et à long terme. À court terme, vous craignez peut-être de payer vos factures, de régler vos dettes ou de lever des fonds pour un gros achat. D'un autre côté, à long terme, vous pourriez penser à votre retraite ou à épargner pour une maison à vous. Équilibrer ces priorités peut être difficile, mais il est essentiel de vous assurer que vous êtes sur la bonne voie pour atteindre vos objectifs financiers.

Voici quelques conseils pour vous aider à équilibrer vos priorités financières à court et à long terme :

Établissez un budget : Un budget est essentiel pour vous aider à gérer vos dépenses et vous assurer que vous économisez suffisamment d'argent pour atteindre vos objectifs financiers à long terme. Analysez vos dépenses et vos revenus et fixez des limites à vos dépenses dans différentes catégories. Assurez-vous de mettre de côté un montant suffisant pour épargner pour l'avenir.

Donnez la priorité à vos dettes : si vous avez des dettes, donnez la priorité au remboursement de celles qui ont les taux d'intérêt les plus élevés en premier. En remboursant les dettes les plus chères, vous économiserez de l'argent sur les intérêts à long terme et pourrez libérer plus d'argent pour épargner et investir dans l'avenir.

Épargner pour les urgences : Avoir un fonds d'urgence est essentiel pour faire face à des circonstances financières imprévues telles qu'une perte d'emploi, une maladie ou des réparations imprévues à la maison ou à la voiture. Essayez d'économiser trois à six mois de dépenses sur un compte d'épargne séparé.

Investissez pour l'avenir : Si vous avez des objectifs financiers à long terme, comme la retraite ou l'épargne pour une maison, envisagez d'investir dans un compte de retraite ou d'autres options de placement. Investir à long terme peut vous aider à atteindre vos objectifs financiers plus rapidement qu'une simple épargne sur un compte d'épargne.

N'oubliez pas de vivre dans le présent : Bien qu'il soit important d'épargner et de planifier pour l'avenir, n'oubliez pas de vivre dans le présent. Réservez de l'argent pour des activités amusantes et des passe-temps, et trouvez un équilibre sain entre dépenses et épargne.

Équilibrer vos priorités financières à court et à long terme peut être difficile, mais il est essentiel de vous assurer que vous êtes sur la bonne voie pour atteindre vos objectifs financiers. Avec une planification minutieuse et un engagement à épargner et à investir pour l'avenir, vous pouvez obtenir la sécurité financière que vous désirez.

Les avantages de commencer à investir tôt et comment commencer à investir.

L'investissement est l'un des meilleurs moyens de faire fructifier votre argent et de créer un patrimoine à long terme. Et si vous êtes jeune et que vous venez d'obtenir votre diplôme universitaire, c'est le moment idéal pour commencer à investir.

Voici quelques avantages de commencer à investir tôt :

Plus de temps pour la croissance du patrimoine : Lorsque vous commencez à investir plus tôt, vous avez plus de temps pour exploiter le pouvoir de la capitalisation. Cela signifie que votre argent augmentera plus rapidement et que vous disposerez de plus de capitaux propres au fil du temps.

Moins de pression pour investir de grosses sommes : Commencer à investir tôt signifie que vous n'avez pas à investir de grosses sommes d'argent pour avoir un impact significatif sur votre valeur nette. De petits investissements réguliers peuvent devenir de grosses sommes d'argent au fil du temps.

Une plus grande tolérance au risque : Lorsque vous êtes jeune, vous pouvez généralement vous permettre de prendre plus de risques avec votre argent, car vous avez plus de temps pour récupérer de toute perte. Cela peut conduire à des rendements plus élevés au fil du temps.

Quelques façons de commencer à investir :

Ouvrez un compte de courtage : Pour investir dans des actions, des obligations ou des fonds communs de placement, vous devrez ouvrir un compte de courtage auprès d'une maison de courtage réputée. Faites vos recherches et trouvez une maison de courtage qui répond à vos besoins et propose des tarifs raisonnables.

Investissez dans des fonds indiciels : Si vous n'avez pas le temps ou les connaissances nécessaires pour sélectionner des actions individuelles, envisagez d'investir dans des fonds indiciels. Ces fonds investissent dans une grande variété d'actions et peuvent offrir de bons rendements à long terme.

Commencez par un plan d'investissement : Créez un plan d'investissement qui définit vos objectifs financiers, votre niveau de risque et votre durée d'investissement.

Cela vous aidera à rester sur la bonne voie et à éviter les décisions d'investissement impulsives.

Envisagez l'investissement automatisé : De nombreuses maisons de courtage proposent des services d'investissement automatisés qui investissent automatiquement votre argent dans des fonds communs de placement en fonction de votre profil de risque. Cela peut être une excellente option si vous débutez dans le domaine des placements et que vous ne savez pas par où commencer.

Commencer à investir tôt peut être la clé pour bâtir une valeur nette solide et atteindre vos objectifs financiers à long terme. N'oubliez pas de faire vos recherches, d'avoir un plan et d'être cohérent avec vos investissements au fil du temps.

Chapitre 3 : À propos de l'enrichissement.

Importance de la planification financière pour constituer un patrimoine

Pour atteindre la richesse financière, il faut bien plus que gagner de l'argent. Il est nécessaire d'avoir une planification financière solide et stratégique, capable d'orienter les décisions d'investissements et de dépenses de manière intelligente et consciente.

La planification financière est le processus qui consiste à fixer des objectifs financiers, à créer un plan d'action pour les atteindre et à suivre régulièrement les progrès. C'est une activité essentielle pour quiconque cherche à se constituer un patrimoine à long terme, car elle permet de contrôler ses finances et d'éviter des dépenses inutiles.

La première étape de la planification financière consiste à établir vos objectifs financiers. Cela peut inclure à la fois des objectifs à court terme, comme épargner pour un voyage, et des objectifs à long terme, comme prendre sa retraite avec une somme d'argent accumulée. Une fois que vous avez établi vos objectifs, vous devez créer un plan d'action pour les atteindre.

Le plan d'action doit inclure un budget qui vous permet d'économiser de l'argent et d'investir dans des actifs qui génèrent des rendements financiers. Il est également important de tenir compte de facteurs tels que votre tolérance au risque et les délais pour atteindre vos objectifs financiers.

En établissant un plan d'action et en surveillant régulièrement les progrès, vous pourrez ajuster le plan au besoin et vous assurer que vous êtes toujours sur la bonne voie pour atteindre vos objectifs financiers.

La création de patrimoine commence par une planification financière solide et stratégique. En fixant vos objectifs financiers, en créant un plan d'action et en surveillant régulièrement les progrès, vous devez vous assurer que vous prenez des décisions financières judicieuses et que vous travaillez vers une réussite financière à long terme. Pour cela, vous devriez étudier la formation de la richesse. Investir dans le savoir est un moyen d'acquérir de la richesse.

L'importance de l'éducation financière dans la poursuite de la richesse.

L'éducation financière est l'un des facteurs les plus importants dans la poursuite de la richesse.

Malheureusement, de nombreuses personnes n'ont pas accès à ce type de connaissances et se retrouvent confrontées à des difficultés financières tout au long de leur vie.

L'éducation financière implique une gamme de concepts, y compris la budgétisation, l'épargne, l'investissement, la gestion de la dette, etc. Il est important de se renseigner sur chacun de ces sujets afin d'avoir une compréhension complète de la façon dont l'argent fonctionne et comment faire travailler l'argent pour vous.

En se renseignant sur les finances personnelles, il est possible d'identifier les habitudes financières négatives et de travailler à les changer. Par exemple, de nombreuses personnes dépensent plus qu'elles ne gagnent, accumulant des dettes et compromettant leur bien-être financier. En vous renseignant sur la budgétisation et la gestion de la dette, vous pouvez éviter ces problèmes et commencer à économiser de l'argent.

Un autre domaine important de l'éducation financière est l'investissement. Beaucoup de gens ont peur d'investir parce qu'ils pensent que c'est trop risqué ou trop compliqué. Cependant, avec les bonnes connaissances, il est possible de choisir des investissements intelligents qui peuvent aider à créer de la richesse au fil du temps.

De plus, l'éducation financière peut vous aider à éviter la fraude financière et à prendre des décisions éclairées concernant les produits financiers tels que les prêts, les cartes de crédit et les comptes bancaires.

Il est important de se rappeler que l'éducation financière ne s'apprend pas du jour au lendemain. C'est un processus continu qui exige de l'engagement et des efforts. Cependant, les avantages à long terme de l'apprentissage des finances personnelles peuvent être énormes et peuvent vous aider à atteindre l'indépendance financière.

Les habitudes des millionnaires : que font-ils différemment pour devenir riches ?

Les millionnaires ne deviennent pas riches par hasard. En fait, il existe des habitudes et des comportements communs parmi bon nombre des individus les plus riches du monde qui ont contribué de manière significative à leur richesse. Voici quelques-unes des habitudes des millionnaires qui peuvent vous aider à devenir riche :

Fixez-vous des objectifs financiers clairs : les millionnaires savent ce qu'ils veulent et travaillent avec diligence pour atteindre leurs objectifs financiers.

Vivre en dessous de vos moyens : les millionnaires vivent modestement et économisent de l'argent chaque fois que possible. Ils savent que dépenser plus qu'ils ne gagnent est une voie vers la ruine financière.

Investissez en vous-mêmes : les millionnaires n'ont pas peur de dépenser de l'argent pour l'éducation, la formation et le développement personnel. Ils savent qu'investir en eux-mêmes est l'un des meilleurs moyens d'assurer un avenir financier solide.

Investir dans des actifs financiers : les millionnaires investissent dans des actions, des biens immobiliers, des obligations et d'autres formes d'investissement qui génèrent des rendements financiers.

Avoir un esprit d'entreprise : les millionnaires sont des entrepreneurs nés. Ils sont toujours à la recherche d'opportunités commerciales et n'ont pas peur de prendre des risques calculés.

Travaillez dur et soyez dévoué : Les millionnaires travaillent sans relâche pour atteindre leurs objectifs financiers. Ils savent que rien n'est facile et sont prêts à consacrer du temps et de l'énergie pour réussir.

Soyez discipliné : Les millionnaires ont la discipline nécessaire pour suivre leur plan financier et éviter les dépenses inutiles.

Pensez à long terme : les millionnaires ont une vision à long terme et planifient leurs investissements et leurs dépenses en fonction de leurs objectifs financiers à long terme.

Les millionnaires ont un certain nombre d'habitudes financières saines qui les ont aidés à réussir financièrement. En suivant ces habitudes, vous pouvez être sur la bonne voie pour bâtir votre propre richesse financière.

Le rôle de la planification financière dans la poursuite de la richesse.

La planification financière est un outil fondamental pour toute personne qui souhaite atteindre la richesse et l'indépendance financière. Il permet aux gens de se fixer des objectifs clairs et réalistes, en traçant un chemin pour les atteindre.

Souvent, les gens ne savent pas exactement où ils dépensent leur argent et n'ont aucune idée de la façon dont ils pourraient mieux épargner ou investir. C'est pourquoi la planification financière est si importante. Il vous aide à identifier les dépenses vraiment nécessaires, à éliminer les dépenses superflues et à économiser de l'argent pour investir dans des objectifs plus importants.

Lors de la création d'un plan financier, il est important de commencer par les bases, comme le calcul de votre budget mensuel, la définition d'objectifs à court et à long terme et l'établissement d'un plan d'action. Il est nécessaire d'avoir une vision claire des ressources disponibles et des dépenses nécessaires, d'identifier les réductions de dépenses possibles et de définir quelle part sera destinée à l'épargne et aux investissements.

De plus, il est important d'avoir de la discipline et de suivre le plan établi. Cela signifie éviter les achats impulsifs, garder le contrôle sur ses finances personnelles et rechercher des alternatives de revenus, telles que les investissements et l'entrepreneuriat.

Au fil du temps, il est possible d'ajuster le plan financier et d'inclure de nouveaux objectifs et investissements, en gardant toujours à l'esprit que la poursuite de la richesse est un processus continu qui nécessite dévouement, discipline et patience.

La planification financière est un outil fondamental dans la recherche de richesse et d'indépendance financière. Il permet aux gens de se fixer des objectifs clairs et réalistes, d'identifier les opportunités d'épargne et d'investissement et de suivre un plan d'action pour les atteindre. Au fil du temps, il est possible de récolter les fruits d'une stratégie bien définie et d'atteindre la liberté financière tant attendue.

Comment surmonter la procrastination et agir pour devenir riche.

La procrastination est l'un des plus grands obstacles pour quiconque veut devenir riche. De nombreuses personnes ont des idées et des plans pour améliorer leur situation financière, mais finissent par reporter l'action pour diverses raisons. Cependant, il est important de se rappeler que le temps est une ressource précieuse et que plus tôt nous commençons à travailler sur nos objectifs financiers, plus tôt nous pourrons les atteindre.

Pour vaincre la procrastination et passer à l'action pour s'enrichir, il est important d'identifier les causes de la procrastination et de travailler à les surmonter. Voici quelques conseils qui peuvent vous aider dans ce processus :

Fixez-vous des objectifs clairs : L'établissement d'objectifs financiers précis et mesurables peut vous aider à orienter vos efforts et à rester concentré sur vos objectifs.

Créez un plan d'action : Une fois que vous avez défini vos objectifs, créez un plan d'action détaillé avec les étapes à suivre pour les atteindre. Cela peut aider à rendre le processus moins intimidant et plus gérable.

Identifiez vos distractions : Identifiez les activités ou les situations qui vous distraient et réduisez votre temps d'exposition à celles-ci. Par exemple, si vous passez beaucoup de temps à naviguer sur les réseaux sociaux, vous pouvez définir une heure précise pour consulter vos comptes.

Prioriser les tâches importantes : concentrez-vous sur les tâches les plus importantes et les plus urgentes pour éviter de vous sentir submergé par un grand nombre de tâches en attente.

Utilisez la technique Pomodoro : La technique Pomodoro consiste à travailler sur des tâches spécifiques pendant de courtes périodes, avec des pauses régulières entre les deux. Cela peut aider à augmenter la productivité et à rester concentré.

Cherchez du soutien : Trouvez un ami ou un membre de votre famille qui peut être votre partenaire financier et qui peut vous tenir responsable de vos objectifs.

N'oubliez pas qu'il faut de la discipline et de la constance pour atteindre des objectifs financiers. Grâce à ces conseils, vous pouvez surmonter la procrastination et commencer à prendre des mesures pour devenir riche.

Comment économiser de l'argent pour atteindre vos objectifs financiers ?

La capacité d'économiser de l'argent est l'un des facteurs les plus importants lorsqu'il s'agit d'atteindre des objectifs financiers. Cependant, de nombreuses personnes ont du mal à économiser de l'argent, surtout lorsque vous avez des dépenses fixes et variables qui grugent une grande partie de votre budget mensuel.

Pour commencer à économiser de l'argent, il est important de créer un budget détaillé pour identifier quelles sont vos dépenses fixes et variables et combien d'argent est dépensé pour chacune. Ensuite, il est important d'évaluer lesquelles de ces dépenses peuvent être réduites ou éliminées. Cela peut aller de la réduction de la facture d'électricité et d'eau à la réduction de la fréquence des déplacements au restaurant ou au cinéma.

Un autre moyen efficace d'économiser de l'argent consiste à se fixer des objectifs financiers et à créer un plan d'épargne pour les atteindre. Par exemple, si l'objectif est de voyager à l'international en un an, il est possible de se fixer un objectif d'économies mensuelles pour atteindre le montant nécessaire au voyage.

De plus, il est important de créer l'habitude d'économiser chaque mois une partie de votre salaire et d'éviter de dépenser tout l'argent que vous recevez. Une façon d'y parvenir est d'automatiser le transfert d'un montant sur un compte d'épargne dès que le salaire est perçu.

Une autre façon d'économiser de l'argent est de rechercher des moyens de gagner un revenu supplémentaire, comme travailler à temps partiel ou démarrer votre propre entreprise. Avec ce revenu supplémentaire, il est possible d'augmenter le montant alloué à l'épargne et d'accélérer le processus d'atteinte des objectifs financiers.

Économiser de l'argent est une étape importante vers l'atteinte d'objectifs financiers, et pour cela, il est nécessaire de créer un budget détaillé, d'établir des objectifs financiers et un plan d'épargne, de créer l'habitude d'économiser une partie de votre salaire et de chercher des moyens de gagner un revenu supplémentaire. Avec persévérance et discipline, il est possible d'atteindre la liberté financière et de conquérir la vie de ses rêves.

Les avantages et les inconvénients d'entreprendre pour devenir riche.

Entreprendre est l'un des moyens les plus difficiles, mais cela peut aussi être l'un des moyens les plus gratifiants de devenir riche. En effet, en démarrant votre propre entreprise, vous avez la possibilité de créer quelque chose à partir de zéro, de contrôler votre propre emploi du temps, de générer des revenus importants et de créer un héritage pour vous et votre famille.

Cependant, comme tout le reste dans la vie, l'entrepreneuriat a aussi ses inconvénients. Avant de prendre la décision de démarrer votre propre entreprise, il est important de bien peser les avantages et les inconvénients.

Les avantages d'entreprendre pour devenir riche sont nombreux. Certains d'entre eux incluent:

Potentiel de gain illimité : Lorsque vous vous engagez, le potentiel de gain est illimité. Vous êtes responsable de votre propre succès, donc plus vous travaillez dur, plus vous pouvez gagner d'argent.

Flexibilité : Lorsque vous êtes propriétaire de votre propre entreprise, vous avez plus de flexibilité pour créer votre propre horaire et travailler les heures que vous souhaitez. Cela est particulièrement intéressant pour les personnes qui cherchent à avoir plus de temps libre et plus de contrôle sur leur vie.

Possibilité de créer un héritage : Lorsque vous entreprenez, vous avez la possibilité de créer quelque chose qui peut durer des générations. En créant une entreprise prospère, vous pouvez laisser un héritage à votre famille et à la société.

Cependant, être entrepreneur a aussi ses inconvénients. Certains d'entre eux incluent:

Risque financier : Lorsque vous démarrez votre propre entreprise, il y a toujours un risque financier. Si l'entreprise échoue, vous pourriez perdre beaucoup d'argent.

Responsabilités : Lorsque vous possédez votre propre entreprise, vous êtes responsable de tout. Cela peut être stressant et demander beaucoup d'efforts, surtout au début.

Manque de sécurité financière : Lorsque vous êtes entrepreneur, vous n'avez pas la sécurité d'un salaire fixe tous les mois. Vous devez travailler dur pour maintenir vos revenus et assurer votre stabilité financière.

L'entrepreneuriat est une option attrayante pour ceux qui veulent s'enrichir, mais il est important de bien peser les avantages et les inconvénients avant de prendre une décision. Si vous êtes prêt à prendre des risques et à travailler dur, vous pouvez réussir en tant qu'entrepreneur.

Conseils pour réduire les dépenses et économiser de l'argent.

Économiser de l'argent est l'un des meilleurs moyens d'atteindre la liberté financière et d'assurer un avenir financièrement stable. Après tout, plus vous économisez d'argent, plus vous avez d'argent à investir et à faire fructifier votre patrimoine.

L'un des meilleurs moyens d'économiser de l'argent est de réduire vos dépenses. Beaucoup de gens dépensent de l'argent pour des choses qui ne sont pas vraiment importantes ou nécessaires et finissent par gaspiller de l'argent précieux. Voici quelques conseils pour vous aider à réduire vos dépenses et à économiser de l'argent :

Établissez un budget : Tout d'abord, il est important que vous sachiez exactement combien d'argent entre et sort de vos comptes. À partir de là, vous pouvez créer un budget et fixer des limites à vos dépenses.

N'achetez que ce dont vous avez besoin : apprenez à différencier ce dont vous avez vraiment besoin de ce qui n'est qu'un désir momentané. Demandez-vous si vous avez vraiment besoin de cet article ou si vous pouvez attendre pour l'acheter une autre fois.

Évitez les achats impulsifs : Avant de faire un achat, réfléchissez bien s'il est vraiment nécessaire et si vous pouvez vous le permettre. Évitez les achats impulsifs et faites des choix conscients.

Réduisez les dépenses superflues : examinez vos dépenses et trouvez des moyens de réduire les dépenses superflues, telles que les abonnements à des services que vous n'utilisez pas ou les forfaits de téléphonie mobile qui sont plus chers que ce dont vous avez besoin.

Cuisiner à la maison : Manger au restaurant peut être une dépense considérable. Essayez de cuisiner davantage à la maison et apportez vos déjeuners au travail. En plus d'économiser de l'argent, vous pouvez également manger plus sainement.

Rechercher les prix : Avant d'effectuer un achat, recherchez les prix dans différents magasins et sur Internet. Vous pouvez trouver de bonnes affaires et économiser de l'argent.

Négociez vos factures : Souvent, les entreprises sont disposées à négocier leurs prix, surtout si vous êtes un client régulier. Essayez de négocier vos factures de téléphone cellulaire, d'Internet, de télévision par câble et d'autres dépenses.

Réduisez vos dépenses de loisirs : recherchez des activités gratuites ou moins chères pour vous amuser. Cela peut inclure des promenades, des balades à vélo, des films à la maison, entre autres.

Suivre ces conseils peut vous aider à réduire vos dépenses et à économiser de l'argent. Au fil du temps, vous pouvez accumuler une bonne somme d'argent qui peut être investie dans votre liberté financière et vous assurer un avenir plus stable.

Les erreurs courantes qui empêchent les gens de devenir riches.

Devenir riche est un objectif que beaucoup de gens ont, mais que tout le monde n'arrive pas à atteindre. Il y a plusieurs raisons pour lesquelles cela se produit, mais souvent, les erreurs courantes sont les principaux coupables.

Une erreur courante qui empêche les gens de devenir riches est de ne pas avoir un budget bien défini. Sans savoir combien d'argent entre et sort, il est difficile de contrôler les dépenses et d'économiser pour investir. Il est important de se fixer des objectifs financiers et de suivre de près l'évolution de vos dépenses et de vos revenus.

Une autre erreur courante consiste à dépenser de l'argent pour des choses inutiles. Les gens achètent souvent des choses sous l'impulsion ou sous la pression sociale, sans se demander s'ils en ont vraiment besoin. Il est important de bien évaluer les achats et de se concentrer sur ce qui est vraiment important et utile.

De plus, beaucoup de gens n'investissent pas en eux-mêmes et dans leurs compétences. Il est important d'investir dans l'éducation, d'acquérir de nouvelles compétences et de rechercher des connaissances qui peuvent aider à créer des opportunités d'emploi et d'affaires. Le manque d'investissement en soi peut limiter les possibilités de devenir riche.

Une autre erreur courante est de ne pas avoir de plan à long terme. Il est important d'avoir une vision de l'avenir et de planifier les actions nécessaires pour y arriver. Beaucoup de gens se concentrent uniquement sur le présent sans penser à la façon dont leurs actions affecteront leurs objectifs à long terme.

Enfin, le manque de persévérance et de patience est une autre erreur courante. Devenir riche ne se fait pas du jour au lendemain, il faut du travail acharné et de la constance pour atteindre vos objectifs. Beaucoup de gens abandonnent à mi-chemin ou perdent leur concentration. Il est important de maintenir la détermination et la persévérance pour surmonter les défis et atteindre le succès financier.

Les erreurs courantes qui empêchent les gens de devenir riches incluent : ne pas avoir un budget bien défini, dépenser de l'argent pour des choses inutiles, ne pas investir en soi, ne pas planifier à long terme et manquer de persévérance et de patience. L'identification et la correction de ces erreurs sont essentielles pour augmenter les chances de réussite financière.

Comment créer un état d'esprit d'abondance pour atteindre la richesse.

Pour atteindre la richesse, il faut non seulement avoir de bonnes pratiques financières, mais aussi développer un état d'esprit d'abondance. Après tout, la façon dont nous pensons à l'argent et au succès influence directement nos actions et nos résultats. Dans cet article, nous allons explorer quelques conseils pour vous aider à créer un état d'esprit d'abondance et de prospérité.

Croire que l'abondance est possible : La première étape pour créer un état d'esprit d'abondance est de croire que c'est possible. Il est important de comprendre que l'abondance n'est pas quelque chose de limité ou de rare, mais quelque chose qui peut être cultivé et élargi.

Visualisez ce que vous voulez : Pour attirer l'abondance dans votre vie, vous devez d'abord savoir ce que vous voulez. Visualisez vos objectifs et vos rêves et imaginez-vous déjà en train de les atteindre. Cette visualisation aide à renforcer votre croyance en l'abondance et à attirer des situations et des opportunités qui vous aideront à les réaliser.

Pratiquer la gratitude : La gratitude est l'une des clés pour créer un état d'esprit d'abondance. Lorsque nous sommes reconnaissants de ce que nous avons, nous nous sentons plus riches et plus abondants, quelle que soit notre situation financière actuelle. Prenez le temps chaque jour d'être reconnaissant pour les bonnes choses de votre vie.

Changez votre langage : la façon dont nous parlons d'argent et de succès peut influencer notre état d'esprit. Évitez d'utiliser des mots négatifs ou restrictifs à propos de l'argent, tels que "je ne gagnerai jamais assez d'argent". Au lieu de cela, utilisez des mots positifs et affirmatifs, tels que "j'attire toujours de l'argent et des opportunités vers moi".

Trouvez un but dans votre vie : De nombreuses personnes riches et prospères ont un sens aigu du but dans leur vie. Lorsque vous trouvez votre passion et votre objectif, il est plus facile de trouver la motivation et l'énergie nécessaires pour atteindre vos objectifs financiers.

Apprenez de vos erreurs : au lieu de vous laisser décourager par vos erreurs financières, utilisez-les comme des opportunités d'apprentissage. Réfléchissez à ce que vous auriez pu faire différemment et utilisez ces leçons pour prendre de meilleures décisions à l'avenir.

Entourez-vous de personnes positives : Les personnes qui vous entourent ont une énorme influence sur votre état d'esprit et vos comportements. Cherchez à vous entourer de personnes positives et encourageantes qui croient en vous et en vos objectifs.

La création d'un état d'esprit d'abondance et de prospérité ne se fait pas du jour au lendemain, mais c'est un processus continu de changement et de croissance. Avec de la pratique et du dévouement, vous pouvez changer votre façon de penser à l'argent et au succès et attirer plus d'abondance dans votre vie.

Comment construire un portefeuille d'investissement diversifié.

Construire un portefeuille de placement diversifié est une stratégie importante pour quiconque cherche à investir son argent intelligemment et en toute sécurité. En effet, la diversification vous permet de réduire le risque de pertes dans un seul investissement, puisque l'argent est réparti dans plusieurs actifs différents.

Pour commencer à bâtir votre portefeuille d'investissement, vous devez d'abord définir vos objectifs et votre profil d'investisseur. Ensuite, il est nécessaire de comprendre les types d'investissements disponibles, qui peuvent inclure des actions, des obligations d'État, des fonds immobiliers, des fonds d'investissement, entre autres.

La diversification peut se faire à la fois par des investissements dans différentes classes d'actifs et par des investissements dans différentes sociétés au sein de la même classe d'actifs. Par exemple, au sein des actions, il est possible d'investir dans des entreprises de différents secteurs, tels que la technologie, la santé, l'énergie, etc. En outre, il est également possible d'investir dans des entreprises de différentes tailles, des soi-disant petites capitalisations aux grandes sociétés de premier ordre.

Une autre façon de diversifier votre portefeuille consiste à investir dans différentes régions géographiques, y compris des sociétés internationales et des actifs dans différentes devises. Cela peut aider à réduire le risque d'un ralentissement économique dans un pays spécifique affectant tous les investissements de portefeuille.

Il convient de mentionner que la diversification ne garantit pas un profit ou une protection totale contre les pertes, mais c'est une stratégie importante pour minimiser les risques et rechercher des rendements plus stables dans le temps. Il est également important de rappeler que la diversification doit être surveillée régulièrement, en ajustant le portefeuille en fonction de l'évolution du marché et des objectifs de l'investisseur.

Les différences entre revenu passif et revenu actif.

Le revenu passif et le revenu actif sont deux concepts financiers importants qui sont souvent discutés en relation avec la recherche de l'indépendance financière et de la richesse. Les deux formes de revenu ont leurs propres avantages et inconvénients, et comprendre la différence entre elles peut vous aider à prendre des décisions financières plus éclairées.

Le revenu actif est la forme de revenu la plus courante et est généré par le travail rémunéré, que ce soit en tant qu'employé ou entrepreneur. Ce type de revenu vous oblige à investir du temps et des efforts dans une activité spécifique en échange d'une rémunération directe.

L'emploi peut être temporaire ou permanent, mais il nécessite des efforts continus pour maintenir le revenu. Un exemple de revenu actif serait un emploi de médecin, d'enseignant ou de gestionnaire, où un revenu est généré en échange d'heures travaillées.

D'autre part, le revenu passif est la forme de revenu que vous pouvez gagner sans avoir à y travailler activement. En d'autres termes, il s'agit d'une forme de revenu généré par les investissements que vous avez effectués , tels que les locations immobilières, les investissements en actions et en dividendes, les redevances de propriété intellectuelle, entre autres. Une fois l'investissement établi, les revenus passifs peuvent affluer sans que vous ayez à faire beaucoup d'efforts.

Bien que le revenu actif puisse être rentable plus rapidement, il nécessite des efforts constants pour le maintenir. Le revenu passif, en revanche, peut vous offrir un flux de revenus régulier sans avoir à travailler activement. Cependant, plusieurs fois, les investissements nécessaires pour générer des revenus passifs nécessitent un investissement initial important et une période d'attente avant de commencer à générer des bénéfices.

Le choix entre un revenu actif et un revenu passif dépend de vos objectifs financiers et de votre situation financière actuelle. Par exemple, si vous avez des dettes ou une source de revenu actif instable, vous devrez peut-être vous concentrer sur la génération d'un revenu actif pour couvrir vos dépenses. D'un autre côté, si vous avez une somme d'argent importante à investir et que vous cherchez un moyen de générer des revenus sans avoir à travailler activement, le revenu passif pourrait être une option viable.

Le revenu passif et le revenu actif sont des moyens différents de générer des revenus, et chacun a ses propres avantages et inconvénients. Il est important de comprendre les différences entre eux et d'évaluer quelle est la meilleure option pour atteindre vos objectifs financiers. N'oubliez pas que les choix financiers peuvent être complexes et nécessitent une planification minutieuse, mais investir du temps et des efforts maintenant peut entraîner des résultats financiers positifs à l'avenir.

Investissements : par où commencer et quelles options sont disponibles.

Investir est un excellent moyen de faire fructifier votre argent et d'atteindre vos objectifs financiers. Mais par où commencer ? Et quelles sont les options disponibles ?

Avant d'investir, il est important d'avoir une réserve d'urgence pour faire face aux imprévus. Ensuite, il est essentiel de définir vos objectifs financiers et le délai pour les atteindre. Dans cet esprit, il est temps de rechercher des options d'investissement.

Une option sûre pour ceux qui débutent sont les obligations d'État, telles que le Direct Treasury. Ce sont des placements à revenu fixe, c'est-à-dire que l'intérêt et la forme de rémunération sont déjà définis au moment de la demande. C'est une alternative à faible risque avec de bons rendements.

Une autre option est les fonds d'investissement, qui rassemblent les ressources de plusieurs investisseurs pour investir dans divers actifs, tels que des actions, des obligations, des biens immobiliers et autres. Il existe des options pour tous les profils d'investisseurs, des plus conservateurs aux plus agressifs. Il est important d'évaluer les coûts et les frais d'administration pour choisir la meilleure option.

Les actions sont également une option de placement à revenu variable. Il est possible d'acheter des actions de sociétés en bourse, ce qui peut offrir un potentiel de rentabilité élevé, mais comporte également des risques plus importants.

En outre, il existe d'autres options telles que les fonds immobiliers (FII), les certificats de dépôt bancaire (CDB), les lettres de crédit (LCI et LCA), entre autres.

Quel que soit le choix, il est important de garder à l'esprit qu'investir exige de la discipline et de la planification. Il est essentiel de suivre vos investissements, d'évaluer s'ils sont conformes à vos objectifs et d'effectuer les ajustements nécessaires.

Enfin, il est important de se renseigner et de se renseigner financièrement pour prendre les meilleures décisions d'investissement et atteindre ses objectifs financiers.

Les avantages et les risques d'investir dans des actions en bourse.

L'investissement dans des actions en bourse est l'une des formes d'investissement les plus connues et les plus populaires. Les actions sont des titres qui représentent la propriété d'une partie d'une entreprise et qui peuvent être négociés en bourse. Lorsqu'une entreprise réussit et que ses bénéfices augmentent, la valeur des actions a tendance à augmenter, ce qui peut générer de bons rendements financiers pour les investisseurs.

Cependant, investir dans des actions comporte également des risques. La valeur des actions peut varier considérablement en fonction de plusieurs facteurs, tels que les performances de l'entreprise, les variations de l'économie, les crises politiques, entre autres. Par conséquent, avant d'investir dans des actions, il est important de bien comprendre le fonctionnement du marché financier, les sociétés dans lesquelles vous avez l'intention d'investir, les tendances économiques et les perspectives du marché.

De plus, il est important de se rappeler qu'investir dans des actions doit être une stratégie à long terme. Les fluctuations du marché peuvent générer des gains à court terme, mais l'investisseur qui cherche à s'enrichir devrait envisager d'investir dans des actions dans le cadre d'une stratégie d'investissement diversifiée à long terme.

Pour investir dans des actions, vous devez ouvrir un compte chez un courtier en valeurs mobilières, qui assurera l'intermédiation des transactions en bourse. La maison de courtage propose des plateformes de trading et des services d'analyse de marché et d'entreprise, qui peuvent être utiles pour orienter les décisions d'investissement.

Investir dans des actions peut être un moyen intéressant de rechercher la richesse, mais vous devez être conscient des risques encourus et investir consciemment et stratégiquement, en recherchant toujours les conseils de professionnels spécialisés.

Comment investir dans l'immobilier et gagner de l'argent avec le loyer.

Investir dans l'immobilier est l'un des moyens les plus populaires de générer des revenus passifs et de se constituer un patrimoine à long terme. De nombreuses personnes choisissent d'investir dans des immeubles locatifs afin d'augmenter leurs revenus et de se constituer un patrimoine au fil du temps. Mais comment est-il possible d'investir dans l'immobilier et de gagner de l'argent grâce au loyer ?

La première chose à considérer est le type de propriété dans laquelle vous souhaitez investir. Certaines options comprennent des maisons, des appartements, des propriétés commerciales, des terrains et des propriétés rurales. Chaque type de propriété a ses propres avantages et inconvénients, il est donc important de faire des recherches détaillées et de déterminer quel type de propriété répondra le mieux à vos besoins et à vos objectifs.

Une fois que vous avez identifié le type de propriété dans lequel vous souhaitez investir, il est temps d'évaluer le marché immobilier. Cela comprend la recherche des prix et des tendances du marché dans votre domaine d'intérêt, ainsi que l'analyse des conditions économiques susceptibles d'affecter le marché immobilier à court et à long terme.

Une fois que vous avez trouvé une propriété convenable et que vous l'avez achetée, l'étape suivante consiste à la préparer pour la location. Cela peut inclure les réparations et les améliorations nécessaires, ainsi que la création d'un plan de gestion immobilière efficace. Il est important de s'assurer que la propriété est en bon état et que tous les services essentiels tels que l'électricité, l'eau et Internet fonctionnent correctement.

Pour déterminer le montant du loyer, il est important de tenir compte de l'emplacement de la propriété, des commodités offertes et des prix de location comparables dans la région. Un bail convenable peut assurer un flux régulier de revenus et, au fil du temps, peut même aider à rembourser l'investissement initial.

Enfin, il est important de se rappeler qu'investir dans un bien locatif peut demander beaucoup de travail et d'efforts, surtout en matière de gestion immobilière. Vous devez être prêt à faire face aux problèmes d'entretien, aux locataires problématiques et aux autres défis qui peuvent survenir en cours de route. Mais avec la bonne stratégie et une bonne gestion, investir dans l'immobilier peut être un moyen solide de se constituer un patrimoine à long terme.

Les avantages et les inconvénients d'investir dans des fonds immobiliers.

Les fonds immobiliers sont une forme d'investissement dans l'immobilier qui gagne en popularité au Brésil. Ils sont formés par un groupe d'investisseurs qui se réunissent pour acheter des biens immobiliers et, ainsi, perçoivent des loyers pour ces biens au prorata du montant investi.

L'un des principaux avantages des fonds immobiliers est la possibilité d'investir dans l'immobilier avec peu d'argent, car le montant minimum à investir dans certains de ces fonds peut être très abordable. De plus, les investisseurs n'ont pas à se soucier de la gestion immobilière, car cette responsabilité incombe au gestionnaire du fonds.

Un autre avantage est la possibilité de diversifier le portefeuille d'investissement. Investir dans une seule propriété peut être risqué, car la valeur de cette propriété peut chuter ou le locataire peut manquer de loyer. Avec les fonds immobiliers, l'investisseur peut investir dans plusieurs propriétés, réduisant ainsi le risque.

Cependant, comme tout investissement, les fonds immobiliers présentent également des inconvénients. Le principal risque est la variation de la valeur des actions du fonds en bourse. Si le marché immobilier est en baisse, il est possible que la valeur des actions baisse, entraînant une perte pour l'investisseur.

Un autre facteur à considérer est les frais de gestion du fonds, qui peuvent être élevés et réduire le retour sur investissement. Par conséquent, il est important d'évaluer attentivement les frais facturés avant d'investir dans un fonds immobilier.

Les fonds immobiliers peuvent être une forme intéressante d'investissement dans l'immobilier pour ceux qui cherchent à diversifier leur portefeuille d'investissement et qui ont peu d'argent à investir dans l'immobilier physique. Cependant, il faut évaluer soigneusement les risques et les frais encourus avant de prendre une décision d'investissement.

Comment faire face à la dette et sortir de la dette.

Vivre avec des dettes est un fardeau énorme pour de nombreuses personnes, les empêchant d'atteindre leurs objectifs financiers et les conduisant même à un état d'anxiété et de stress. Cependant, il existe des moyens de gérer la dette et de s'en sortir.

La première étape pour sortir de la dette est de comprendre votre situation financière actuelle. Cela signifie faire une enquête sur toutes les dettes, y compris le montant, la durée et les taux d'intérêt. Avec ces informations en main, vous pouvez créer un plan d'action pour commencer à rembourser vos dettes.

L'une des stratégies les plus efficaces est la négociation de la dette. Contacter les créanciers pour discuter des options de paiement peut entraîner de meilleures conditions, telles que des taux d'intérêt plus bas, des délais prolongés et le remboursement de la dette. Il est important d'être transparent sur la situation financière et de montrer son engagement à rembourser la dette.

Une autre stratégie consiste à réduire les dépenses et à économiser de l'argent pour l'orienter vers le remboursement de la dette. Cela peut impliquer de revoir les dépenses mensuelles, de réduire les dépenses inutiles et d'éviter de nouvelles dettes. Il est également important d'envisager la possibilité d'augmenter les revenus grâce à un travail supplémentaire ou à sa propre entreprise.

Pour éviter que les dettes ne s'accumulent à nouveau, vous devez changer votre mentalité vis-à-vis de l'argent. Il s'agit d'apprendre à vivre avec ce que l'on a, d'éviter l'utilisation de crédits inutiles et de maintenir une réserve financière pour les urgences.

Faire face à la dette et s'en sortir peut être un processus difficile, mais c'est possible. Avec un plan d'action bien structuré et un état d'esprit positif, il est possible d'atteindre la liberté financière et de vivre sans la pression de la dette.

Comment négocier les salaires et les avantages sociaux pour augmenter les revenus.

Si vous êtes un employé d'une entreprise, savoir comment négocier un salaire et des avantages sociaux peut être l'un des moyens les plus efficaces d'augmenter vos revenus. Cependant, de nombreuses personnes ont peur de demander une augmentation ou ne savent pas comment aborder le problème avec leur employeur. Il est important de se rappeler que négocier n'est pas un acte de cupidité, mais une façon de reconnaître sa valeur et de s'assurer une vie financière plus stable.

Le premier conseil pour négocier les salaires et les avantages est de faire des recherches sur le marché. Découvrez quel est le salaire moyen pour votre rôle et votre région et utilisez-le comme base de négociation. Il est également important de considérer d'autres avantages, tels que l'assurance maladie, les chèques-repas, les bons de transport, entre autres.

Un autre conseil important est de choisir le bon moment pour négocier. Évitez de demander une augmentation juste après une crise dans l'entreprise ou lorsque l'employeur est submergé par d'autres demandes. Essayez de choisir un moment où le climat organisationnel est plus calme et où votre performance a été satisfaisante.

Au début de la négociation, soyez clair et objectif. Indiquez les raisons de votre demande d'augmentation et montrez comment vous avez contribué à l'entreprise jusqu'à présent. Mettez en avant vos réalisations et vos objectifs atteints. Si possible, présentez des données et des chiffres qui prouvent votre performance.

Il est également important d'être ouvert à d'autres possibilités d'avantages si l'employeur n'est pas en mesure d'accorder une augmentation de salaire pour le moment. Renseignez-vous sur les possibilités de bureau à domicile, les horaires flexibles, les programmes de formation, entre autres choses qui pourraient vous intéresser.

La négociation des salaires et des avantages sociaux est un processus important qui peut être avantageux pour les deux parties. Soyez clair, objectif et confiant dans vos capacités et vos réalisations. N'oubliez pas que la négociation est une occasion de reconnaître votre valeur et de vous assurer une vie financière plus stable.

Comment utiliser Internet pour créer des sources de revenus en ligne.

Avec les progrès de la technologie et la vulgarisation d'Internet, de plus en plus de personnes recherchent des moyens de gagner de l'argent en ligne. Que ce soit comme revenu principal ou complémentaire, il existe plusieurs opportunités d'affaires qui peuvent être explorées sur internet.

L'un des moyens les plus courants de gagner de l'argent en ligne consiste à vendre des produits ou des services sur Internet. Il est possible de créer une boutique virtuelle et de vendre des produits physiques ou numériques, tels que des cours en ligne, des livres électroniques, de la musique, entre autres. Il est également possible d'offrir des services en ligne, tels que le conseil, la conception graphique, la programmation, entre autres.

Une autre façon de gagner de l'argent en ligne consiste à créer du contenu sur Internet. Il est possible de monétiser un blog, une chaîne YouTube ou un profil sur les réseaux sociaux par le biais de programmes d'affiliation, de publicités ou de partenariats avec des marques. Certains créateurs de contenu gagnent même des sommes importantes avec leurs chaînes et leurs profils.

En outre, il existe également plusieurs plateformes qui proposent du travail indépendant dans différents domaines, tels que l'écriture, la traduction, le montage vidéo, la conception, entre autres. Vous pouvez vous inscrire sur ces plateformes et obtenir des emplois pour compléter vos revenus ou même en faire une source principale de revenus.

Il est important de noter que, comme pour toute autre entreprise, il est nécessaire d'avoir une stratégie bien définie et beaucoup de dévouement pour réussir dans les sources de revenus en ligne. Vous devez étudier les possibilités et découvrir quelle option est la meilleure en fonction de votre profil et de vos compétences.

Internet offre de nombreuses opportunités commerciales et sources de revenus en ligne. Vous devez être ouvert à l'exploration de ces possibilités et vous consacrer à la réussite. Avec une planification et un travail acharné, il est possible de créer une source de revenus en ligne rentable et durable.

Comment investir dans les crypto-monnaies et autres nouvelles technologies financières.

Investir dans les crypto-monnaies et d'autres nouvelles technologies financières est devenu une option de plus en plus populaire pour les investisseurs qui cherchent à diversifier leurs portefeuilles et à obtenir des rendements élevés. Cependant, il est important d'être conscient des risques liés à ce type d'investissement et de bien se renseigner avant de prendre toute décision.

Les crypto-monnaies sont des monnaies numériques cryptées qui utilisent la technologie blockchain pour assurer la sécurité des transactions et la décentralisation du système financier. Le plus connu d'entre eux est le Bitcoin, mais il existe de nombreuses autres crypto-monnaies sur le marché, telles que Ethereum , Litecoin , Ripple , entre autres.

Bien que les crypto-monnaies aient connu des valorisations élevées au fil des ans, il est important de se rappeler qu'il s'agit d'actifs extrêmement volatils et soumis à d'importantes fluctuations de prix. De plus, il existe encore beaucoup d' incertitudes quant à l'avenir réglementaire et technologique des crypto-monnaies, ce qui pourrait affecter leur valeur à long terme.

Cependant, si vous décidez d'investir dans les crypto-monnaies, il est important de suivre quelques conseils pour minimiser les risques. Tout d'abord, renseignez-vous sur le sujet, apprenez comment fonctionne la technologie blockchain et quelles sont les principales crypto-monnaies disponibles sur le marché. De plus, il est important de définir une stratégie d'investissement claire et de ne pas investir plus que ce que vous pouvez vous permettre de perdre.

Une autre façon d'investir dans les nouvelles technologies financières consiste à utiliser les startups fintech , qui proposent des solutions innovantes dans divers domaines du secteur financier, tels que les prêts, les investissements et les paiements. Investir dans une fintech peut être une opportunité intéressante pour participer au potentiel de croissance d'une entreprise en phase de démarrage, mais il est important d'évaluer attentivement le modèle d'affaires et l'équipe derrière la startup avant d'investir.

Investir dans les crypto-monnaies et d'autres nouvelles technologies financières peut être une option intéressante pour les investisseurs à la recherche de rendements élevés, mais il est important d'être conscient des risques encourus et de bien se renseigner avant de prendre toute décision. De plus, il est important de bien évaluer les options disponibles et de définir une stratégie d'investissement claire avant d'investir votre argent.

Comment créer une source passive de revenus grâce aux redevances et aux licences.

Si vous cherchez un moyen de gagner de l'argent sans travailler directement pour cela, les flux de revenus passifs peuvent être une excellente option. Une façon d'y parvenir consiste à utiliser des redevances et des licences.

Les redevances sont des paiements reçus par quelqu'un qui détient les droits d'auteur sur un produit ou une propriété intellectuelle, comme un livre, une chanson ou un film. Lorsque quelqu'un achète ou utilise ce produit, le propriétaire reçoit un pourcentage des bénéfices.

L'octroi de licences, en revanche, consiste à payer pour utiliser une propriété intellectuelle ou une marque de commerce. Par exemple, une entreprise peut payer pour utiliser un nom de marque et un logo sur ses produits.

Pour commencer à gagner de l'argent grâce aux redevances et aux licences, vous devez d'abord créer quelque chose qui a une valeur intellectuelle ou artistique.

Il peut s'agir d'un livre, d'une chanson, d'une œuvre d'art ou même d'une invention.

Vous devrez ensuite enregistrer votre droit d'auteur ou votre propriété intellectuelle auprès des autorités compétentes pour le protéger légalement.

Après cela, vous pouvez commencer à concéder sous licence ou à vendre vos droits d'auteur ou votre propriété intellectuelle à d'autres sociétés ou particuliers en échange de redevances. Il existe de nombreuses plates-formes en ligne qui permettent de mettre en relation les titulaires de droits d'auteur avec des entreprises intéressées par l'octroi de licences pour leurs produits.

Gardez à l'esprit que la création d'une source passive de revenus par le biais de redevances et de licences peut prendre du temps et des efforts au départ, mais cela peut être un moyen gratifiant de gagner de l'argent à long terme. Assurez-vous de protéger correctement vos droits d'auteur et votre propriété intellectuelle et demandez des conseils juridiques si nécessaire.

Conseils pour bâtir une valeur nette solide au fil du temps.

Construire une valeur nette solide au fil du temps est un objectif financier commun pour de nombreuses personnes. Bien que cela puisse sembler difficile, avec la bonne stratégie et de saines habitudes financières, il est possible d'atteindre cet objectif.

L'un des meilleurs conseils pour bâtir une valeur nette solide est de vivre en dessous de vos moyens. Cela signifie dépenser moins que ce que vous gagnez et économiser de l'argent régulièrement. Vous pouvez commencer par établir un budget et hiérarchiser vos dépenses pour réduire les dépenses inutiles.

Un autre conseil important est d'investir votre argent à bon escient. Au lieu de garder tout votre argent sur un compte bancaire, envisagez d'investir dans des actions, des obligations ou de l'immobilier. Assurez-vous de diversifier vos placements pour minimiser les risques.

De plus, il est essentiel d'avoir de la patience et de la persévérance. Construire une valeur nette solide ne se fait pas du jour au lendemain, cela se fait au fil du temps. Il est important de garder à l'esprit vos objectifs financiers et de ne pas abandonner face aux obstacles.

Une autre astuce est d'avoir une mentalité à long terme. Il est facile d'être tenté de dépenser de l'argent pour des choses qui apportent une satisfaction immédiate, mais cela peut faire dérailler vos plans financiers à long terme. Réfléchissez plutôt à vos objectifs financiers à long terme et prenez vos décisions de dépenses en fonction de ceux-ci.

Enfin, il est important de revoir régulièrement vos finances et d'ajuster votre stratégie au fur et à mesure que votre vie change. Assurez-vous que vos placements sont toujours conformes à vos objectifs financiers et apportez des modifications si nécessaire.

Pour bâtir une valeur nette solide, vous devez vivre en dessous de vos moyens, investir votre argent judicieusement, faire preuve de patience et de persévérance, avoir une mentalité à long terme et revoir régulièrement vos finances. Grâce à ces stratégies et habitudes financières saines, vous serez sur la bonne voie pour atteindre vos objectifs financiers.

Comment choisir les meilleures options de crédit pour vos besoins.

Choisir les meilleures options de crédit pour vos besoins peut être un défi, car il existe de nombreuses options disponibles sur le marché. Il est important de comprendre les différences entre eux et de choisir celui qui correspond le mieux à vos besoins financiers. Dans ce texte, nous verrons quelques conseils pour vous aider à choisir les meilleures options de crédit.

La première chose à considérer est quel est votre objectif lors de la demande de crédit. Avez-vous besoin d'argent pour une entreprise, pour une urgence financière, pour financer un bien ou un service ? Selon l'objectif, il existe des options de crédit plus avantageuses que d'autres.

Si vous avez besoin d'argent pour une urgence financière, une option consiste à demander un prêt personnel. Le prêt personnel est un type de crédit qui ne nécessite pas de garantie, ce qui signifie que vous n'avez pas besoin de fournir un bien en garantie pour obtenir le prêt. Cependant, les taux d'intérêt peuvent être élevés, il est donc important de comparer les taux d'intérêt entre les différentes institutions financières avant de décider où demander un prêt.

Si vous avez besoin d'argent pour financer un bien, comme une voiture ou une maison, une option consiste à demander un prêt garanti. Dans ce type de prêt, l'actif à financer sert de garantie au prêt. Cela signifie que si vous ne parvenez pas à rembourser le prêt, l'institution financière peut reprendre l'actif. Les intérêts sont généralement moins élevés que sur un prêt personnel, mais il faut veiller à ne pas compromettre votre capacité de remboursement.

Une autre option est une carte de crédit. Les cartes de crédit sont un moyen pratique d'obtenir du crédit, mais les taux d'intérêt peuvent être très élevés. Il est important d'utiliser votre carte de crédit à bon escient et de payer la facture au complet chaque mois pour éviter les intérêts et les pénalités.

Une autre façon d'obtenir du crédit est d'utiliser une ligne de crédit. Une marge de crédit est une option pré-approuvée pour obtenir du crédit, qui est généralement liée à un compte bancaire. Cela signifie que lorsque vous avez besoin d'argent, vous pouvez retirer de la ligne de crédit et ne payer que des intérêts sur le montant utilisé. Il est important de prêter attention aux taux d'intérêt et aux conditions du contrat avant de choisir cette option.

Choisir la meilleure option de crédit implique de comprendre vos besoins financiers et de comparer les différentes options disponibles. Il est important de choisir l'option qui convient le mieux à vos besoins et à votre capacité de payer. De plus, il est essentiel de lire attentivement les contrats et les taux d'intérêt pour éviter des dettes inutiles et des problèmes financiers à l'avenir.

Comment faire face à la pression sociale pour dépenser de l'argent et maintenir un mode de vie financièrement sain.

La pression sociale pour dépenser de l'argent est une réalité pour de nombreuses personnes, en particulier dans les sociétés où la consommation est considérée comme un symbole de statut et de réussite. Cependant, pour ceux qui cherchent à maintenir un mode de vie financièrement sain et à se constituer un patrimoine solide au fil du temps, il est important d'apprendre à gérer cette pression et à rester fidèles à leurs objectifs financiers.

L'une des premières choses que vous pouvez faire pour faire face à la pression sociale de dépenser de l'argent est d'établir vos propres valeurs financières. Réfléchissez à ce qui est vraiment important pour vous et à ce que vous appréciez dans votre vie. Par exemple, vous pourriez accorder plus d'importance aux expériences de voyage qu'aux biens matériels, ou vous pourriez donner la priorité à l'épargne pour la retraite plutôt qu'à des divertissements coûteux. En identifiant vos propres valeurs financières, vous pouvez prendre des décisions plus conscientes qui correspondent à vos objectifs.

Aussi, il est important de s'entourer de personnes qui partagent les mêmes valeurs financières que vous. Cela pourrait signifier trouver des amis qui préfèrent des activités plus économes, ou même rejoindre des groupes d'intérêt commun axés sur les finances personnelles. Le fait d'avoir autour de vous des personnes qui appuient vos décisions financières peut vous aider à atteindre vos objectifs.

Une autre stratégie utile pour faire face à la pression sociale de dépenser de l'argent consiste à établir un budget clair et réaliste pour vos dépenses. En ayant une idée claire de la somme d'argent dont vous avez besoin pour couvrir vos besoins de base et atteindre vos objectifs financiers, vous pouvez prendre des décisions plus éclairées concernant vos dépenses et éviter les dépenses impulsives qui peuvent nuire à votre santé financière.

Enfin, rappelez-vous que la gestion de vos finances personnelles est une responsabilité individuelle et que c'est vous qui devez prendre les décisions qui répondent le mieux à vos objectifs financiers. Il est normal de ressentir une pression sociétale pour dépenser de l'argent, mais il est important de ne pas laisser cela nuire à votre santé financière à long terme. Restez fidèle à vos valeurs financières, établissez un budget réaliste et entourez-vous de personnes qui vous soutiennent dans vos décisions financières. Ainsi, vous serez sur la bonne voie pour vous constituer un patrimoine solide et atteindre votre indépendance financière.

Comment réduire les dépenses alimentaires sans compromettre la qualité des aliments.

Bien manger est important pour la santé physique et mentale, mais cela ne signifie pas que vous devez dépenser beaucoup d'argent pour maintenir une alimentation saine. Il existe de nombreuses façons de réduire les dépenses alimentaires sans compromettre la qualité des aliments. Voici quelques conseils pour vous aider à économiser sur vos achats alimentaires.

Planifiez vos repas - Planifiez vos repas à l'avance est l'un des meilleurs moyens d'économiser de l'argent sur les achats alimentaires. Faites une liste de courses en fonction des repas prévus et n'achetez que les articles nécessaires.

Achetez des aliments frais de saison - Les aliments frais de saison sont généralement moins chers que les aliments hors saison. Ils sont également plus savoureux et plus nutritifs car ils sont récoltés au bon moment.

Achetez des aliments en vrac - L'achat d'aliments en vrac comme du riz, des haricots, des lentilles et des céréales peut être très économique. Ces aliments sont nutritifs, faciles à conserver et peuvent être utilisés dans une variété de recettes.

Cuisinez à la maison - Manger à l'extérieur peut coûter cher, alors essayez de cuisiner à la maison dans la mesure du possible. En plus d'économiser de l'argent, vous pouvez également contrôler les ingrédients et les portions.

Utilisez des coupons et des offres - Recherchez des coupons et des offres dans les magasins locaux et en ligne. De nombreux supermarchés offrent des rabais sur des produits sélectionnés ou sur la totalité de l'achat.

Évitez les aliments transformés et emballés - Les aliments transformés et emballés ont tendance à être plus chers que les aliments frais. De plus, ils contiennent souvent des conservateurs et des additifs qui peuvent être nocifs pour la santé.

Faire un potager à la maison - Planter un potager à la maison est un excellent moyen d'économiser de l'argent sur les achats de nourriture. De plus, c'est une activité amusante et relaxante qui peut être partagée en famille.

Achetez dans des magasins discount - Certains magasins discount proposent des prix plus bas sur les produits de marque. Recherchez un magasin discount près de chez vous et économisez de l'argent sur vos achats alimentaires.

Congelez les aliments supplémentaires - Si vous avez des aliments supplémentaires qui ne seront pas consommés tout de suite, congelez-les pour une utilisation future. Cela peut économiser de l'argent et éviter le gaspillage alimentaire.

Évitez le gaspillage alimentaire - Le gaspillage alimentaire peut être coûteux. Essayez d'éviter le gaspillage alimentaire en n'achetant que ce dont vous avez besoin, en stockant correctement les aliments et en utilisant les restes pour préparer d'autres repas.

Économiser de l'argent sur les achats de nourriture peut être facile si vous planifiez à l'avance, achetez des aliments frais de saison, cuisinez à la maison, utilisez des coupons et des offres, évitez les aliments transformés et emballés, cultivez un jardin potager, magasinez dans des magasins discount, congelez les aliments supplémentaires, éviter le gaspillage alimentaire et maintenir un mode de vie financièrement sain.

Les mythes sur l'argent que vous devez démystifier pour devenir riche.

Lorsqu'il s'agit de devenir riche, de nombreux mythes peuvent entraver les gens dans leur parcours financier. Il est important d'identifier et de démystifier ces mythes pour atteindre l'indépendance financière et créer de la richesse au fil du temps.

L'un des mythes les plus répandus est que l'argent apporte le bonheur. Bien que l'argent puisse apporter confort et sécurité, il n'est pas une source de bonheur garantie. Les personnes en quête de bonheur devraient se concentrer sur des choses qui ne peuvent pas être achetées, telles que les relations, le but de la vie et la santé mentale.

Un autre mythe est que le succès financier est basé sur la chance. Bien que la chance puisse jouer un rôle dans certaines opportunités, la plupart des personnes qui réussissent financièrement ont atteint leurs objectifs grâce à un travail acharné, à la planification et à la persévérance. Il est important d'adopter une approche proactive en matière de finances personnelles et de rechercher des opportunités de croissance et de développement de compétences financières.

Un troisième mythe est que devenir riche rapidement est possible. Bien qu'il puisse y avoir des exceptions, la plupart des personnes riches ont acquis leur richesse au fil du temps, en la construisant patiemment et avec persévérance. Il est important d'avoir une vision à long terme et de se fixer des objectifs financiers réalistes pour atteindre l'indépendance financière.

Un autre mythe courant est que les riches sont avares ou égoïstes. En réalité, de nombreux millionnaires sont généreux et s'engagent dans des activités philanthropiques. Il est important de se rappeler que la richesse peut être utilisée pour aider d'autres personnes et faire une différence dans leur vie.

Enfin, un mythe qui peut être nocif est qu'il est trop tard pour commencer à se constituer un patrimoine. En fait, il n'est jamais trop tard pour commencer à apporter des changements positifs à vos finances personnelles et à bâtir un avenir financier sûr. Même de petits changements de style de vie, comme réduire les dépenses inutiles et investir dans un portefeuille diversifié, peuvent faire une différence au fil du temps.

Démystifier ces mythes peut aider les gens à développer un état d'esprit plus sain à propos de l'argent et à atteindre l'indépendance financière. Il est important de se rappeler que la richesse n'est pas une mesure de succès ou de bonheur, mais elle peut être un outil précieux pour atteindre des objectifs personnels et faire une différence dans la vie des autres.

Comment mettre en place un plan de retraite qui garantit une vie financière stable à l'avenir.

La planification de la retraite est l'une des choses les plus importantes que vous puissiez faire pour assurer votre stabilité financière à l'avenir. Malheureusement, beaucoup de gens ne réfléchissent pas à la façon de financer leur retraite avant qu'il ne soit trop tard. Si vous voulez vous assurer d'avoir un avenir financier stable, il est essentiel de commencer dès maintenant à planifier votre retraite.

La première étape de l'élaboration d'un plan de retraite consiste à définir votre objectif financier. Vous devez déterminer de combien d'argent vous avez besoin pour vivre confortablement à la retraite. Cela peut dépendre de votre mode de vie actuel, de votre espérance de vie, des coûts des soins de santé, entre autres facteurs.

Avec votre objectif financier à l'esprit, la prochaine étape consiste à choisir les investissements qui vous aideront à l'atteindre. Il existe plusieurs options d'investissement disponibles, telles que les actions, les fonds d'investissement, les obligations, la pension privée, entre autres. Il est important de choisir une combinaison de placements qui répond à vos besoins et objectifs financiers.

Un autre facteur important à considérer est le temps. Plus tôt vous commencez à investir, plus vous avez de temps pour accumuler de l'argent et permettre aux intérêts composés de jouer en votre faveur. Si vous partez pour commencer à investir plus tard, vous devrez investir plus d'argent pour atteindre votre objectif financier.

Aussi, il est important de se rappeler que la retraite n'est pas un événement isolé. C'est un processus continu qui peut durer des décennies. Cela signifie que vous devrez revoir régulièrement votre plan de retraite et ajuster vos stratégies de placement au besoin.

L'élaboration d'un plan de retraite peut être une tâche difficile, mais il est essentiel d'assurer une vie financière stable à l'avenir. Établissez votre objectif financier, choisissez les placements qui conviennent le mieux à vos besoins, commencez à investir dès que possible et révisez régulièrement votre plan. Avec de la discipline et de la planification, vous pouvez avoir un avenir financier paisible et sûr.

Les secrets des investisseurs qui réussissent pour multiplier les capitaux propres.

Investir de l'argent est un excellent moyen de multiplier vos capitaux propres, mais il est important de se rappeler que le succès de l'investissement n'est pas garanti. Certaines personnes parviennent à obtenir un excellent retour sur leur investissement et à augmenter considérablement leur valeur nette, tandis que d'autres n'ont pas cette chance. Mais, après tout, quels sont les secrets des investisseurs qui réussissent ?

Planification financière : investir sans plan, c'est comme marcher dans le noir, sans savoir où l'on va. Avoir un plan financier bien structuré est essentiel pour des investissements réussis. Déterminez vos objectifs, établissez une stratégie d'investissement et fixez un échéancier pour atteindre vos objectifs.

Diversification du portefeuille de placements : La diversification du portefeuille est essentielle pour minimiser les risques et maximiser les gains. Investir dans différents actifs, secteurs et zones géographiques peut aider à équilibrer le portefeuille et à réduire l'exposition aux facteurs externes.

Discipline et patience : investir est une activité qui demande discipline et patience. Il est important de rester concentré sur le long terme et de ne pas se laisser emporter par les émotions, en évitant d'acheter et de vendre fréquemment des actifs.

Apprentissage constant : les investissements évoluent constamment, et il est important d'être à jour sur les tendances et les nouvelles du marché. Recherchez des informations auprès de sources fiables, telles que des livres, des magazines spécialisés et des sites Web financiers.

Recherche d'opportunités : Les investisseurs qui réussissent sont toujours à la recherche d'opportunités d'investissement pouvant générer un rendement significatif. Soyez au courant des tendances du marché, des mouvements politiques et économiques et des nouvelles technologies financières qui pourraient émerger.

Conseils d'experts : Faire appel à un professionnel spécialisé dans les placements peut être un excellent moyen d'obtenir des conseils et de réduire les risques. Recherchez un professionnel de confiance avec une expérience avérée sur le marché financier.

Gestion des risques : Chaque investissement comporte des risques, et il est important de les gérer correctement. Ayez une stratégie de gestion des risques bien définie et soyez toujours prêt à faire face à des événements imprévus.

Investir de l'argent peut sembler intimidant, mais en suivant les secrets des investisseurs qui réussissent et en faisant preuve de discipline et de patience, il est possible d'obtenir un retour sur investissement important et de multiplier vos capitaux propres. N'oubliez pas que le succès en investissement n'est pas garanti, mais avec la planification, la diversification et l'apprentissage constant, les chances de succès sont beaucoup plus grandes.

Les meilleures applications de finances personnelles pour vous aider à gérer votre argent.

Les applications de finances personnelles sont devenues un outil utile pour de nombreuses personnes qui souhaitent contrôler leurs finances. Ils vous aident à suivre les dépenses, à créer des budgets, à suivre les investissements et bien plus encore. Dans ce texte, nous allons présenter certaines des meilleures applications de finances personnelles disponibles sur le marché.

Mint : Mint est l'une des applications de finances personnelles les plus populaires et les plus conviviales. Il vous permet de suivre les dépenses, de créer des budgets et de surveiller les investissements. L'application propose également des conseils et des suggestions personnalisés en fonction de vos habitudes de consommation.

YNAB : Le YNAB (Vous Need A Budget) est une application qui vise à vous aider à créer et à suivre un budget. Il vous donne des informations détaillées sur la façon dont vous dépensez votre argent et vous aide à hiérarchiser vos dépenses afin que vous puissiez économiser davantage.

PocketGuard : PocketGuard est une application qui vous aide à gérer vos finances simplement et facilement. Il vous montre un aperçu de vos finances et catégorise vos dépenses afin que vous puissiez voir où vous dépensez le plus d'argent.

Personal Capital : Personal Capital est une application de gestion de patrimoine qui vous permet de suivre vos comptes bancaires, vos investissements et vos dettes en un seul endroit. Il offre également des outils de planification financière comme des calculatrices de retraite et des planificateurs fiscaux.

Wally : Wally est une application qui vous permet de suivre facilement vos dépenses et de créer des budgets. Il vous permet de prendre des photos des factures et reconnaît automatiquement les informations afin que vous puissiez facilement classer les dépenses.

Acorns : Acorns est une application qui vous aide à investir de l'argent intelligemment. Il arrondit vos achats et investit automatiquement la différence dans un portefeuille personnalisé en fonction de vos objectifs financiers.

Robinhood : Robinhood est une application de trading d'actions qui vous permet d'investir dans des actions et des ETF sans commission. Il est facile à utiliser et offre des outils utiles pour suivre la performance de vos actions.

Tiller Money : Tiller Money est une application de finances personnelles qui vous permet de suivre vos finances dans les feuilles de calcul Google Sheets . Il vous aide à catégoriser vos dépenses et vous permet de créer des budgets personnalisés.

Ce ne sont là que quelques-unes des nombreuses applications de finances personnelles disponibles sur le marché. Chacun a ses propres avantages et inconvénients, il est donc important de choisir celui qui correspond le mieux à vos besoins. Avec un peu de temps et d'efforts, vous pouvez utiliser ces applications pour améliorer votre vie financière et atteindre vos objectifs financiers.

Comment utiliser la loi de l'attraction pour manifester l'abondance financière dans votre vie.

La loi de l'attraction est un concept qui est devenu de plus en plus populaire, surtout lorsqu'il s'agit d'atteindre des objectifs, y compris la richesse financière. L'idée derrière cela est que vous pouvez manifester ce que vous voulez dans votre vie à travers des pensées et des émotions positives.

En matière d'abondance financière, la loi de l'attraction peut être un outil puissant. Mais comment l'utilisez-vous exactement pour devenir riche? Voici quelques conseils:

Visualisez la richesse : Pour manifester l'abondance financière, il est important que vous la visualisiez d'abord dans votre esprit. Imaginez le sentiment d'avoir assez d'argent pour faire ce que vous voulez, d'être financièrement libre et indépendant. Concentrez-vous sur des pensées positives et visualisez clairement ces choses.

Pratiquer la gratitude : La gratitude est l'une des émotions les plus puissantes pour attirer de bonnes choses dans notre vie. Lorsque vous remerciez pour ce que vous avez déjà, plutôt que de vous concentrer sur ce que vous n'avez pas, vous créez une énergie positive qui peut attirer plus d'abondance.

Agissez comme si vous aviez déjà : Agissez comme si vous aviez déjà la richesse que vous désirez. Cela peut signifier prendre des décisions financières judicieuses, éviter les dettes et dépenser dans les limites d'un budget. En agissant comme si vous étiez déjà riche, vous créez un état d'esprit d'abondance qui peut vous aider à attirer encore plus de prospérité.

Soyez ouvert aux opportunités : Soyez ouvert aux nouvelles opportunités qui pourraient se présenter dans votre vie. Cela pourrait inclure des investissements, de nouvelles idées commerciales ou des opportunités de carrière qui pourraient entraîner une augmentation des revenus. Lorsque vous gardez l'esprit ouvert, vous êtes plus susceptible de remarquer les opportunités qui se présentent.

Croyez que vous le méritez : Enfin, il est important que vous pensiez que vous méritez l'abondance financière que vous désirez. Souvent, nos croyances limitantes peuvent nous empêcher d'atteindre nos objectifs. Assurez-vous que vous êtes aligné sur le fait que vous méritez d'être financièrement abondant et commencez à agir en conséquence.

Utiliser la loi de l'attraction pour manifester l'abondance financière dans votre vie peut être un outil puissant. En visualisant la richesse, en pratiquant la gratitude, en agissant comme si vous l'aviez déjà, en étant ouvert aux opportunités et en croyant que vous la méritez, vous pouvez créer un état d'esprit d'abondance qui vous aidera à atteindre vos objectifs financiers.

Chapitre 4 : Qu'est-ce que c'est ?

Qu'est-ce qu'une Bourse ?

Une bourse est une institution financière qui facilite la négociation de titres tels que des actions, des obligations, des matières premières et d'autres actifs financiers. Les bourses sont l'une des principales formes d'investissement et de collecte de fonds pour les entreprises et les gouvernements.

La négociation en bourse s'effectue par l'intermédiaire de maisons de courtage, qui représentent des investisseurs et des transactions intermédiaires pour l'achat et la vente d'actifs financiers. Les prix des actifs sont déterminés par l'offre et la demande sur le marché, ce qui signifie que les fluctuations des prix reflètent les attentes et le comportement des investisseurs à l'égard de ces actifs.

Les investisseurs qui achètent des actions, par exemple, acquièrent une partie de l'entreprise et peuvent bénéficier de la distribution des bénéfices (dividendes) et de l'appréciation des actions sur le marché. Les investisseurs qui achètent des obligations, telles que des obligations d'État, prêtent de l'argent au gouvernement et reçoivent un taux d'intérêt en retour.

En plus d'être un marché d'investissement, la bourse est également une source d'informations et d'analyses financières, car les sociétés cotées sont tenues de divulguer des informations pertinentes sur leurs activités et leurs finances. De cette façon, les investisseurs peuvent prendre des décisions éclairées concernant leurs investissements.

Les bourses sont réglementées par les autorités financières, qui établissent des règles et des réglementations pour protéger les investisseurs et assurer la transparence du marché. Au Brésil, la Securities and Exchange Commission (CVM) est la principale autorité de régulation du marché des capitaux.

La bourse est un marché d'investissement où les investisseurs peuvent acheter et vendre des actifs financiers, tels que des actions et des obligations, par l'intermédiaire de sociétés de courtage. Il s'agit d'une source d'informations et d'analyses financières et est réglementée par les autorités financières pour assurer la transparence et la protection des investisseurs.

Qu'est-ce qu'une action ?

Les actions cotées en bourse sont des titres de propriété qui représentent une partie du capital social d'une société. Lorsqu'une entreprise décide de s'introduire en bourse et d'introduire des actions en bourse, elle cherche à lever des fonds pour financer ses projets et ses opérations. En échange, les investisseurs qui achètent ces actions deviennent des partenaires de l'entreprise et peuvent bénéficier de la distribution des bénéfices et de l'appréciation des actions sur le marché.

Les actions négociées en bourse sont classées en deux types principaux : ordinaires (ON) et privilégiées (PN). Les actions ordinaires donnent droit de vote aux assemblées d'actionnaires et sont recommandées aux investisseurs qui souhaitent participer activement aux décisions de l'entreprise. Les actions privilégiées, en revanche, ne donnent pas de droit de vote, mais ont priorité dans la distribution des dividendes et dans la réception des sommes en cas de vente de l'entreprise ou de distribution des bénéfices.

La négociation d'actions en bourse se déroule en séances de bourse, qui se tiennent du lundi au vendredi à des heures précises. Les actions sont négociées par l'intermédiaire de courtiers en valeurs mobilières, qui représentent les investisseurs et négocient les transactions d'achat et de vente. Les prix des actions sont déterminés par l'offre et la demande sur le marché, c'est-à-dire que plus la demande pour une action donnée est élevée, plus son prix sera élevé.

Les sociétés cotées en bourse sont tenues de divulguer les informations pertinentes sur leurs activités et leurs finances, telles que les bilans, les comptes de résultat et d'autres informations pertinentes pour les investisseurs. De cette façon, les investisseurs peuvent prendre des décisions éclairées sur leurs investissements et évaluer les performances de l'entreprise dans le temps.

Investir dans des actions négociées en bourse peut offrir des opportunités de gains importants, mais cela implique également des risques et une volatilité des prix. Il est donc important de se faire conseiller par des professionnels spécialisés et de diversifier son portefeuille de placements pour réduire les risques.

Les actions cotées en bourse sont des titres de propriété représentant une partie du capital social d'une société. Ils sont classés comme communs et privilégiés et sont négociés lors de séances de négociation par l'intermédiaire de sociétés de courtage. Les sociétés cotées en bourse doivent divulguer les informations pertinentes aux investisseurs et investir dans des actions implique des risques et une volatilité des prix.

Que sont les matières premières ?

Les matières premières négociées en bourse sont des produits de base, dont le prix est déterminé par le marché international et qui s'échangent à grande échelle. Les matières premières comprennent les produits agricoles tels que le café, le soja, le maïs et le sucre, ainsi que les métaux précieux tels que l'or, l'argent et le platine, et les produits énergétiques tels que le pétrole et le gaz naturel.

En bourse, les matières premières sont négociées par le biais de contrats à terme, qui sont des accords d'achat et de vente avec livraison future. Les contrats à terme sont standardisés et négociés en bourse, ce qui permet aux investisseurs d'acheter et de vendre des matières premières sans avoir à se soucier des spécifications du produit telles que la qualité, la quantité et la date de livraison.

Les contrats à terme sont utilisés à la fois par les producteurs et les consommateurs, qui cherchent à se protéger contre les variations du prix des matières premières. Les producteurs peuvent utiliser des contrats à terme pour fixer le prix de leur production et assurer un rendement régulier, tandis que les consommateurs peuvent utiliser des contrats pour garantir un prix d'achat fixe et éviter les fluctuations des prix du marché.

Les prix des matières premières négociées en bourse sont influencés par plusieurs facteurs, tels que les conditions météorologiques, l'offre et la demande, les politiques gouvernementales et l'instabilité géopolitique. Ainsi, les investisseurs qui souhaitent investir dans des matières premières doivent être conscients des tendances du marché et des risques encourus.

Investir dans des matières premières négociées en bourse peut être un moyen de diversifier votre portefeuille d'investissement et d'obtenir des gains importants. Cependant, il est important de se rappeler que les matières premières sont des matières premières volatiles et qu'investir dans des contrats à terme comporte des risques importants, tels qu'une perte en capital et un effet de levier financier.

Les matières premières négociées en bourse sont des produits de base tels que les produits agricoles, les métaux précieux et les matières premières énergétiques qui sont échangés à grande échelle. Ils sont négociés par le biais de contrats à terme, qui sont des accords d'achat et de vente avec livraison future, et sont influencés par plusieurs facteurs, tels que l'offre et la demande, les politiques gouvernementales et l'instabilité géopolitique. L'investissement en matières premières comporte des risques importants et il est important de demander conseil à des professionnels spécialisés.

Que sont les dividendes ?

Les dividendes sont une partie des bénéfices d'une entreprise qui est distribuée à ses actionnaires. Cette distribution est effectuée en numéraire et constitue un moyen de rémunérer les investisseurs qui détiennent les actions de la société. Ces dividendes sont l'une des principales formes de rendement financier pour les actionnaires d'une entreprise.

Les dividendes sont versés périodiquement, généralement trimestriellement ou annuellement, et le montant distribué est défini par le conseil d'administration de la société. Le montant des dividendes peut varier en fonction des performances de la société, de la disponibilité des ressources financières et de la stratégie d'investissement de la société.

Pour recevoir des dividendes, vous devez être actionnaire de la société à la date à laquelle les dividendes sont déclarés. Cette date est appelée date de déclaration et est fixée par le conseil d'administration de la société. A partir de cette date, les actionnaires qui détiennent des actions de la société ont le droit de recevoir une part des bénéfices sous forme de dividendes.

Les dividendes peuvent être un moyen intéressant de gagner un revenu passif à partir d'investissements en actions. Cependant, il est important de se rappeler que toutes les entreprises ne versent pas de dividendes et que la distribution des bénéfices peut varier dans le temps. En outre, il est important de considérer d'autres facteurs lors du choix des actions dans lesquelles investir, tels que la performance de l'entreprise, la qualité de sa gestion et sa position sur le marché.

Les dividendes d'actions sont un moyen de rémunérer les investisseurs qui détiennent des actions d'une entreprise et peuvent être une source de revenus passifs pour les actionnaires. Il est important de rappeler que la distribution des dividendes peut varier en fonction des performances de l'entreprise et qu'il est nécessaire de prendre en compte plusieurs facteurs lors du choix des actions dans lesquelles investir.

Qu'est-ce qu'une position d'équité?

L'actionnariat au sein d'une entreprise fait référence au nombre d'actions qu'un investisseur détient dans une entreprise donnée. Cela signifie que la position actionnariale représente la participation de l'investisseur dans l'entreprise en termes de propriété.

La position en actions est calculée sur la base du nombre total d'actions émises par la société et du nombre d'actions détenues par l'investisseur. Par exemple, si une société a émis un total de 1 million d'actions et que l'investisseur détient 10 000 actions, sa participation est de 1 %.

La position actionnariale peut être influencée par l'achat ou la vente d'actions en bourse. Si un investisseur achète plus d'actions de la société, sa participation augmentera. De même, si un investisseur vend ses actions, sa participation diminuera.

La propriété est importante car les investisseurs qui détiennent une part importante de l'entreprise ont plus de pouvoir de décision et d'influence sur l'avenir de l'entreprise. En outre, la position actionnariale influence également la perception des dividendes et autres avantages offerts aux actionnaires.

Il est important de se rappeler que la position de l'actionnariat n'est pas nécessairement une indication de la valeur totale de l'investissement d'un actionnaire dans l'entreprise. La valeur totale de l'investissement peut également être influencée par les variations du prix des actions sur le marché, en plus d'autres facteurs qui affectent la performance de l'entreprise.

La position actionnariale représente la participation de l'investisseur dans l'entreprise en termes de propriété et influence le pouvoir de décision et les avantages offerts aux actionnaires. La position actionnariale peut être influencée par l'achat ou la vente d'actions et est un indicateur important de la participation de l'investisseur dans l'entreprise.

Qu'est-ce qu'un portefeuille d'actions de retraite?

Un portefeuille d'actions de retraite est une stratégie d'investissement en actions dont l'objectif est d'obtenir un rendement financier dans le temps, visant la sécurité financière à la retraite. Ce type de portefeuille s'adresse aux investisseurs qui souhaitent se constituer un capital à long terme et s'assurer une source de revenu pour la retraite.

Le portefeuille d'actions de retraite est composé d'actions de sociétés qui ont de solides antécédents en matière de performance financière, une bonne position sur le marché et une direction compétente. Ces sociétés sont souvent connues sous le nom de blue chips et sont considérées comme les plus sûres pour les investissements en actions en raison de leur stabilité et de leur prévisibilité.

Le portefeuille d'actions de retraite vise à offrir un rendement financier constant et à long terme, car les actions sont détenues pendant une période prolongée. Cette stratégie vise à minimiser les risques associés à la volatilité des marchés boursiers et à offrir une plus grande stabilité aux investisseurs.

En outre, le portefeuille du fonds de pension peut être complété par des investissements dans d'autres classes d'actifs, telles que des titres à revenu fixe, des fonds immobiliers et des fonds de placement en général. Cela vous permet de diversifier davantage les investissements et de réduire davantage les risques.

Il est important de souligner que le portefeuille d'actions de retraite n'est pas une stratégie pour devenir riche rapidement. Il s'agit plutôt d'une stratégie de constitution de patrimoine à long terme avec un horizon de placement pluriannuel. Les investisseurs qui choisissent cette stratégie doivent être disposés à conserver leurs actions pendant une période prolongée et à ne pas être ébranlés par les fluctuations temporaires du marché.

Un portefeuille d'actions de retraite est une stratégie d'investissement en actions axée sur la sécurité financière à la retraite. Ce portefeuille est composé d'actions d'entreprises de grande qualité et peut être complété par d'autres types d'investissements. Il est important de rappeler que cette stratégie nécessite un horizon de placement à long terme et de la patience pour résister aux fluctuations des marchés.

Qu'est-ce que le Day Trading ?

Le day trading est une stratégie de trading d'actions qui consiste à acheter et à vendre des actifs le même jour . C'est-à-dire l'objectif du jour trader est de profiter des variations à court terme des cours des actions, en profitant des opportunités du marché en une seule journée.

Pour effectuer le day trade, l'investisseur doit être conscient des mouvements du marché et chercher à identifier les actifs qui ont le plus grand potentiel d'appréciation ou de dépréciation au cours de la journée. C'est courant pour la journée les commerçants utilisent des analyses techniques et des graphiques pour faciliter la prise de décision.

Le but du day trading est de réaliser des bénéfices à court terme en profitant de la volatilité du marché. Par conséquent, cette stratégie comporte un degré de risque élevé et nécessite une connaissance et une expérience du marché boursier.

Les investisseurs qui choisissent le day trading doivent être prêts à faire face à la pression et au stress du marché boursier. Il est courant que les opérations de day trade impliquent une fréquence élevée de transactions sur une courte période de temps, ce qui nécessite rapidité et agilité dans la prise de décision.

Il est important de noter que le day trading n'est pas recommandé aux investisseurs débutants ou à ceux qui recherchent des investissements à long terme. De plus, le day trading implique des coûts et des taxes plus élevés que les autres stratégies d'investissement en actions.

Le day trading est une stratégie de trading d'actions qui consiste à acheter et à vendre des actifs le même jour . Cette stratégie vise à réaliser des bénéfices à court terme en profitant de la volatilité des marchés. Cependant, le day trading comporte un degré de risque élevé et nécessite des connaissances et une expérience du marché boursier.

Qu'est-ce qu'un courtier en valeurs mobilières ?

Un courtier en valeurs mobilières est une institution financière autorisée par la Securities and Exchange Commission (CVM) à intervenir dans l'achat et la vente d'actifs financiers, tels que des actions, des obligations d'État, des fonds d'investissement, entre autres. Les courtiers en valeurs mobilières offrent également des services de conseil financier, qui comprennent des recommandations d'investissement, des analyses de marché et le suivi des portefeuilles d'investissement des clients.

Pour investir dans des actions, vous devez ouvrir un compte auprès d'un courtier en valeurs mobilières. Par l'intermédiaire de la société de courtage, les investisseurs peuvent envoyer des ordres d'achat et de vente d'actions directement à la bourse, en utilisant des plateformes de négociation en ligne.

Les courtiers en bourse facturent des frais de courtage, qui varient en fonction du volume d'opérations effectuées par l'investisseur. En outre, les maisons de courtage peuvent également facturer des frais de garde et d'autres frais administratifs.

Lors du choix d'une société de courtage, il est important d'évaluer certains aspects, tels que la qualité du service, la variété des services offerts, la facilité d'utilisation de la plateforme de négociation, les frais facturés et la réputation de l'institution sur le marché financier.

Un courtier en valeurs mobilières est essentiel pour ceux qui souhaitent investir dans des actions, car il offre un accès au marché des capitaux et fournit un soutien et des conseils aux investisseurs. Il est important de choisir une société de courtage fiable qui répond aux besoins de l'investisseur, afin de garantir une expérience positive et sûre sur le marché financier.

Qu'est-ce que la Securities and Exchange Commission ?

La Comissão de Valores Mobiliários (CVM) est une agence fédérale brésilienne chargée de réglementer et de superviser le marché des valeurs mobilières, y compris les actions, les débentures, les obligations d'État, les fonds d'investissement et d'autres instruments financiers.

Les principaux objectifs de la CVM sont de protéger les investisseurs, de favoriser le développement du marché des capitaux et d'assurer la transparence et l'efficacité du marché des valeurs mobilières. À cette fin, la CVM intervient dans plusieurs domaines, tels que la réglementation des activités des courtiers en valeurs mobilières, l'autorisation d'ouverture de sociétés cotées en bourse, le contrôle des informations divulguées par les sociétés et l'enquête sur les pratiques irrégulières sur le marché.

De plus, le CVM a également un rôle d'éducation des investisseurs, par des campagnes de sensibilisation et des programmes de formation, dans le but d'améliorer les connaissances et la culture financière de la population par rapport au marché des valeurs mobilières.

Pour remplir sa mission, la CVM dispose d'une série d'attributions et de pouvoirs, tels que la possibilité d'imposer des amendes, de suspendre les activités des entreprises irrégulières et même de décréter la liquidation des entreprises en situation de crise.

La Comissão de Valores Mobiliários est une agence fédérale chargée de réglementer et de surveiller le marché des valeurs mobilières au Brésil, dans le but de protéger les investisseurs, de promouvoir le développement du marché des capitaux et d'assurer la transparence et l'efficacité du marché. La performance de la CVM est essentielle au maintien d'un marché des valeurs mobilières équitable et transparent, qui contribue au développement économique du pays.

Que sont les fonds d'investissement ?

Les fonds d'investissement sont une forme d'investissement collectif dans laquelle plusieurs investisseurs placent de l'argent dans un fonds géré par un professionnel spécialisé, qui investit cet argent dans divers actifs financiers, tels que des actions, des obligations d'État, des fonds immobiliers, entre autres.

Cette diversification offre aux investisseurs une réduction du risque de perte, car l'argent est réparti sur de nombreux actifs différents. De plus, les fonds d'investissement ont une gestion professionnelle, ce qui signifie qu'un gestionnaire spécialisé sélectionne les meilleurs actifs et prend les décisions d'achat et de vente en fonction de son expérience et de son analyse du marché.

Les fonds communs de placement offrent également plusieurs options de placement, avec différents niveaux de risque et de rendement. Les investisseurs peuvent choisir entre des fonds à revenu fixe, des fonds multimarchés, des fonds d'actions, entre autres, en fonction de leurs objectifs financiers et de leur profil d'investissement.

Un autre avantage des fonds d'investissement est la facilité d'investir et de retirer l'argent investi. Généralement, l'investisseur peut investir dans un fonds avec des valeurs abordables et peut racheter son argent à tout moment, avec une liquidité quotidienne ou dans une période prédéterminée.

Toutefois, il est important de rappeler que les fonds d'investissement prélèvent des frais de gestion, qui correspondent à un pourcentage de l'actif total du fonds, destinés à couvrir les frais de gestion et d'administration.

Ces frais peuvent réduire le rendement du capital investi, il est donc important de choisir un fonds avec des frais raisonnables qui offre un bon rapport qualité-prix.

Les fonds communs de placement sont une option abordable et diversifiée pour ceux qui cherchent à investir dans différents actifs financiers et à réduire le risque de perte. Cependant, il est important de choisir un fonds qui répond aux objectifs et au profil d'investissement de l'investisseur et qui a des frais raisonnables et une gestion professionnelle compétente.

Qu'est-ce que l'analyse fondamentale d'une action ?

L'analyse fondamentale est l'un des principaux outils utilisés par les investisseurs en bourse pour évaluer le potentiel d'appréciation d'une action. Cette analyse tient compte de plusieurs facteurs liés à la société émettrice des actions, tels que sa performance financière, ses perspectives de croissance, son positionnement sur le marché, entre autres.

Lors de l'exécution d'une analyse fondamentale, l'investisseur cherche à comprendre la santé financière de l'entreprise et si elle est en mesure de maintenir et d'augmenter ses bénéfices à l'avenir. Parmi les principales informations évaluées figurent le bilan, le compte de résultat et les flux de trésorerie de l'entreprise. Ces informations aident à comprendre si l'entreprise génère des bénéfices, si elle a des dettes excessives ou si elle dépense plus qu'elle ne perçoit.

En outre, l'analyse fondamentale prend également en compte des aspects plus qualitatifs de l'entreprise, tels que sa stratégie commerciale, son positionnement sur le marché, la concurrence, les innovations et les perspectives de croissance. Ces informations permettent d'évaluer le potentiel d'appréciation à long terme de la société.

Un autre facteur important dans l'analyse fondamentale est l'étude du secteur dans lequel l'entreprise opère. L'investisseur doit comprendre les caractéristiques du secteur, la concurrence, les tendances et les opportunités de croissance pour évaluer si l'entreprise est capable de se démarquer sur le marché.

L'analyse fondamentale est un outil important pour évaluer les perspectives d'appréciation d'un titre. En analysant les informations financières, qualitatives et sectorielles, l'investisseur peut comprendre la santé financière et le potentiel de croissance de la société émettrice des actions. Il est important de souligner que l'analyse fondamentale doit être effectuée avec prudence et basée sur des informations fiables, afin d'éviter de mauvaises décisions d'investissement.

Quelle est la valeur Investir ?

Valeur L'investissement est une stratégie d'investissement qui cherche à identifier les actions sous-évaluées sur le marché. Cette approche prend en compte la valeur intrinsèque de l'entreprise, c'est-à-dire la valeur réelle des actifs, des revenus et des bénéfices, par rapport au prix du marché.

Le but de la valeur investir consiste à trouver des entreprises qui ont un bon potentiel d'appréciation à long terme, mais qui se négocient à des prix inférieurs à leur valeur réelle. Cette stratégie repose sur la conviction que le marché n'est pas toujours efficace et peut offrir des opportunités d'achat d'actions à bas prix, en raison de facteurs tels que l'incertitude économique, le pessimisme du marché ou les performances financières temporairement médiocres de l'entreprise.

valoriser les investisseurs l'investissement utilise plusieurs paramètres, tels que le multiple cours/bénéfice, qui compare le cours de l'action au bénéfice par action de l'entreprise, ou la valeur comptable, qui compare la valeur des actifs de l'entreprise au cours de l'action.

L'importance de la valeur investir dans la constitution d'un portefeuille d'investissement, c'est proposer une approche stratégique pour choisir les entreprises dans lesquelles investir. En choisissant des actions en fonction de leur valeur intrinsèque plutôt que de suivre les tendances du marché ou les recommandations des analystes, les investisseurs peuvent réduire le risque d'investir dans des sociétés surévaluées et augmenter leurs chances d'obtenir de bons rendements à long terme.

Cependant, il est important de souligner que la valeur investir n'est pas une stratégie infaillible et que la valorisation des entreprises sous-évaluées nécessite des analyses détaillées et des mises à jour constantes. De plus, vous devez adopter une approche disciplinée et résister à la tentation d'investir dans des sociétés populaires ou à haut risque qui peuvent offrir des rendements à court terme mais qui pourraient nuire à votre portefeuille de placement à long terme.

Comment démarrer un portefeuille d'actions?

Acheter des actions en bourse peut sembler intimidant pour les investisseurs novices, mais en réalité c'est un processus relativement simple et accessible. Pour acheter des actions en bourse, vous devez suivre ces étapes :

1. **Ouvrir un compte chez un courtier en valeurs mobilières** : pour négocier des actions en bourse, vous devez avoir un compte chez un courtier en valeurs mobilières. Ces sociétés sont chargées d'arbitrer les négociations entre les investisseurs et la bourse.

2. **Déposez de l'argent sur votre compte** : pour acheter des actions, vous devez disposer d'argent sur votre compte de courtage. Vous pouvez déposer de l'argent par virement bancaire, bordereau bancaire ou carte de crédit.

3. **Choisissez les actions que vous souhaitez acheter** : avant d'investir dans des actions, il est important de faire une analyse des sociétés dans lesquelles vous souhaitez investir. Vérifiez vos résultats financiers, votre position sur le marché et vos plans de croissance.

4. **Passez un ordre d'achat** : après avoir choisi les actions que vous souhaitez acheter, vous devez passer un ordre d'achat par l'intermédiaire du courtier à domicile, qui est la plateforme de négociation du courtier. Dans l'ordre d'achat, vous devez définir le nombre d'actions que vous souhaitez acheter et le prix maximum que vous êtes prêt à payer pour chaque action.

5. Attendez la confirmation d'achat : après avoir envoyé le bon de commande, vous devez attendre la confirmation du courtier. Si l'ordre est accepté, les actions seront achetées et créditées sur votre compte.

Il est important de souligner qu'investir en actions comporte des risques et qu'il est nécessaire d'avoir une stratégie bien définie avant d'investir. Il est conseillé de se faire accompagner par des professionnels spécialisés et d'étudier le marché financier avant de prendre toute décision d'investissement.

De plus, il est important de garder à l'esprit que les actions sont des investissements à long terme et qu'il faut de la patience et de la discipline pour obtenir de bons résultats. L'achat d'actions en bourse peut être un moyen de diversifier votre portefeuille d'investissement et d'obtenir de bons rendements financiers, à condition de le faire avec prudence et planification.

Dépenser ou réinvestir les dividendes ?

Investir dans des actions peut être un excellent moyen d'augmenter votre patrimoine et d'atteindre vos objectifs financiers à long terme. L'une des stratégies les plus efficaces pour développer votre portefeuille d'actions consiste à réinvestir les dividendes que vous recevez.

Les dividendes sont la part des bénéfices que les entreprises distribuent à leurs actionnaires. Au lieu de dépenser ces dividendes, vous pouvez les réinvestir en achetant plus d'actions de l'entreprise. De cette façon, vous pouvez augmenter votre capital en actions sans dépenser plus d'argent de votre poche.

En réinvestissant vos dividendes, vous pouvez bénéficier de la puissance des intérêts composés. Cela signifie qu'au fil du temps, vos investissements initiaux peuvent croître de façon exponentielle à mesure que vous gagnez de l'argent avec votre argent.

Cependant, il est important de se rappeler qu'investir dans des actions comporte des risques et qu'il n'y a aucune garantie que les performances passées d'une entreprise se poursuivront dans le futur. Par conséquent, il est important de faire vos propres recherches et analyses avant d'investir dans une entreprise.

De plus, il est important d'avoir un portefeuille d'actions diversifié pour minimiser les risques. En diversifiant votre portefeuille, vous réduisez l'exposition à une seule entreprise ou industrie et augmentez vos chances de succès à long terme.

Le réinvestissement des dividendes gagnés est une stratégie efficace pour faire croître votre portefeuille d'actions et atteindre vos objectifs financiers à long terme.

Combiné à un portefeuille diversifié et à une analyse minutieuse des sociétés dans lesquelles vous investissez, vous pouvez accroître votre capital en actions au fil du temps.

Conclusion

En complétant ce livre sur les finances personnelles pour les jeunes diplômés universitaires, j'espère que vous avez acquis de nouvelles connaissances et compétences qui vous aideront à mieux gérer votre argent et à atteindre vos objectifs financiers. Il est important de se rappeler que la planification financière n'est pas quelque chose qu'il faut remettre à plus tard, car plus tôt vous commencerez à vous occuper de votre argent, plus il vous sera facile d'atteindre l'indépendance financière dont vous rêvez.

Tout au long de ce livre, nous explorons une variété de sujets liés aux finances personnelles, de l'importance de créer un budget et de contrôler vos dépenses, aux stratégies d'investissement et à la planification de la retraite. Nous avons également discuté de l'impact de la dette, de l'importance de fixer des objectifs financiers clairs et de la manière de rechercher des opportunités pour augmenter vos revenus.

Cependant, il est important de souligner que l'éducation financière ne s'arrête pas là. Il est essentiel que vous continuiez à apprendre et à vous mettre à jour sur les meilleures pratiques de gestion financière, ainsi que sur les changements du marché financier et de l'économie.

En fin de compte, j'espère que ce livre a été un outil précieux pour vous aider à atteindre l'indépendance financière et à atteindre vos objectifs. N'oubliez pas que le chemin peut être difficile, mais avec de la persévérance, de la discipline et une bonne dose de connaissances, vous pouvez bâtir un avenir financier prospère et sécuritaire.

Glossaire

Actifs - Actifs ou propriétés ayant une valeur monétaire, tels que des biens immobiliers, des actions, des obligations, des comptes bancaires et des investissements.

Bilan - Un état financier qui montre les actifs, les passifs et la valeur nette d'une personne.

Dette - Argent qu'une personne doit à d'autres personnes ou institutions financières.

Flux de trésorerie - Le montant d'argent entrant et sortant du compte bancaire d'une personne.

Investissement - L'achat d'un actif qui devrait générer un rendement financier dans le futur, comme des actions, des obligations ou des biens immobiliers.

Intérêts - Le coût d'emprunt de l'argent, généralement exprimé en pourcentage du montant emprunté.

Budget - Un plan de dépenses qui établit combien d'argent une personne peut dépenser dans différentes catégories telles que la nourriture, le transport et les divertissements.

Équité - La valeur totale des actifs moins la valeur totale des dettes d'une personne.

Épargne - L'argent qu'une personne met de côté pour atteindre des objectifs financiers à long terme, comme la retraite ou l'achat d'une maison.

Risque - La possibilité de perdre de l'argent sur un investissement en raison des fluctuations du marché ou d'autres facteurs.

Trésorerie directe - Investissement dans des titres publics offerts par le gouvernement brésilien.

Volatilité - La mesure de la fluctuation de valeur d'un actif financier dans le temps.

www.ingramcontent.com/pod-product-compliance
Lightning Source LLC
Chambersburg PA
CBHW031619210526
45464CB00004B/1656